# 引爆招商

## 企业渠道融资策略

王　昕◎著

中国铁道出版社有限公司
CHINA RAILWAY PUBLISHING HOUSE CO., LTD.

**图书在版编目（CIP）数据**

引爆招商．企业渠道融资策略/王昕著．—北京：中国铁道出版社有限公司，2022.9（2025.2 重印）

ISBN 978-7-113-29093-1

Ⅰ.①引… Ⅱ.①王… Ⅲ.①市场营销学-通俗读物 Ⅳ.①F713.50-49

中国版本图书馆 CIP 数据核字（2022）第 071382 号

**书　　名：** 引爆招商——企业渠道融资策略
YINBAO ZHAOSHANG：QIYE QUDAO RONGZI CELÜE

**作　　者：** 王　昕

---

**责任编辑：** 马慧君　**编辑部电话：**（010）51873005　**投稿邮箱：** zzmhj1030@163.com

**美术编辑：** 刘　莎

**责任校对：** 孙　玫

**责任印制：** 赵星辰

---

**出版发行：** 中国铁道出版社有限公司（100054，北京市西城区右安门西街 8 号）

**网　　址：** http://www.tdpress.com

**印　　刷：** 中煤（北京）印务有限公司

**版　　次：** 2022 年 9 月第 1 版　2025 年 2 月第 5 次印刷

**开　　本：** 710 mm×1 000 mm 1/16　**印张：** 18.75　**字数：** 225 千

**书　　号：** ISBN 978-7-113-29093-1

**定　　价：** 68.00 元

---

谨以此书献给

广大的民营企业家

**何以增加企业的现金流？招商！**

**何以颠覆行业的同质化竞争？招商！**

# 序言

## 招商的本质是打造企业的造血系统

企业能否成功招商决定了能否快速建立分销渠道，实现快速融资，带动销售收入快速增长，完成进一步壮大发展的宏大目标。

企业要想获得长期性、爆发性的发展，必须依靠招商系统建立覆盖全国市场的渠道。因为打造招商系统的本质就是打造企业的造血系统，所以这个系统对任何企业而言，都是至关重要的。

招商能够向企业输送源源不断的顾客，像大树的树根一样，一方面帮助企业牢牢地扎根于广阔的大地上，另一方面又把树根吸取的营养输送到大树的各个部分。树根扎得越深、越广，输送给大树的营养就越多，企业这棵大树的抗风险能力就越强。

然而，为了方便，很多企业选择了自主招商的方式，但是这种方式使许多企业在招商的过程中遇到很多无法解决的问题。

通过对上万家企业服务，我发现许多企业经营者遇到的最大问题是无法清晰认知和解决自身存在的矛盾和瓶颈。特别是新冠肺炎疫情暴发后，许多企业陷入了现金流断裂、经营难以为继的局面，本质上反映出企业的“造血”能力不足。

如何适应时代的发展和变化，让自己的企业在激烈的竞争中脱颖而出，是每个企业经营者必须思考的问题。我认为，通过招商使企业的市场占有率进一步提高，使企业的规模进一步扩大，是打造企业的绝佳手段。

在今天的商业环境下，传统的产品思维已经不再适用，企业经营者必须打破传统的固有思维，把招商当成企业的头等大事来做，把招商定位为企业的重要战略，大力开展招商工作，这对企业的发展是百利而无一害的。

但是，很多企业把招商工作错误地理解为会销（会议销售），这不仅片面，还说明企业对招商的认识产生了根本性的偏差，带来的结果就是“割韭菜”式的集资，使企业变成了一个“烂摊子”，最终导致众多加盟商蒙受损失。

我认为，招商是一个体系，并不单纯指某项工作或者某个环节，它具有完整的系统性，系统里的各个环节互相依托、相辅相成，最终构成了一条完整的招商链条。这个链条能否运转顺畅，背后考验的正是各个招商环节互相配合的程度。

为此，我多年来从多维度深入研究了创业型、发展型、上市公司等不同规模的企业，并结合不同类型的团队，如服务型团队、微商团队、直销团队等，总结并首创出一套“融、招、养”三位一体的招商系统理论体系，这是重构企业的招商战略，为企业招商赋能的一套解决方案。

本书从招商的根本思维出发，结合相关的招商案例，一步步地向读者展现出立体、完整的招商体系。这套体系正是我十多年来在企业招商的实战中总结出来的。

“工欲善其事，必先利其器。”本书阐述的“九大引爆理论”分别从思维、模式、渠道、产品、门店、会员、铁军、路演和会销九个方面，详细解析融商、招商、养商三位一体的招商系统，同时指出了企业招商存在的问题，并给出了相应的解决方案，相信能为企业招商提供较大的帮助。

希望本书能帮助陷于迷茫的企业走出困境，能帮助濒临绝境的企业起死回生，能帮助更多的企业成长为行业的“参天大树”。

王　昕

2022年2月18日　北京

# 前言

很多传统企业之所以走不下去，原因有很多，表面上看可能是产品质量出现了问题、品牌营销出现了问题、售后服务出现了问题……其实归根结底，是思维出现了问题。

没有传统的企业，只有传统的思维。

企业若没有随着时代的发展而升级转型，必会深陷经营的困境，也必然会在日新月异的市场竞争中被淘汰、被抛弃！

对于企业来说，变革转型才是当下的重点。企业经营者需要引爆思维！但是如何引爆思维，如何才能使企业破局呢？

对此，招商专家王昕给企业经营者带来了一场深刻的思维洗礼：

目前的社会环境和消费者的行为发生了什么变化？

企业的经营思维和商业模式又产生了怎样的转变？

在以往的盈利方式上，还可以增加什么策略帮助企业在营销方面突破？

企业有没有设立招商商学院、渠道商学院，以及立足于市场前沿的动销系统来支持日后的发展？

……

王昕为读者细心分析了当下企业面临的困境，强调了企业在发展的过程中需要不断地学习与重构原来的商业模式，在“危与机”并存的当下，寻找企业的刚需！

她从市场分析到用户分析，从行业动态到发展趋势，从营销模式到引爆渠道，从线下门店到引爆线上，为企业经营者发展提供了切实可行的解决方案。

如今，很多企业普遍面临如下困境：缺乏正确的招商模式、缺乏高质量的招商代理、缺乏资金、缺少人才。这四大缺口，归根结底都是缺乏资本，缺乏融资渠道。

招商的本质就是解决销售渠道，建立通道，直达终端用户。

招商可以帮助企业快速拓展市场，是解决企业资金和融资的有效手段之一。

招商改变了企业与终端客户、合作商的关系，使他们与企业成为利益的共同体，这对企业来说，无异于在极短的时间里建立无数个销售部门，促使企业的职能发生根本性的变化：从原本单纯的企业成长为拥有强大资源和众多渠道的平台。

因此，建立市场渠道才是企业真正的需求！企业必须要让招商行为常态化！

王昕从九个维度深入浅出地对“融、招、养”三位一体的招商体系做了系统性的阐述，并指出了企业融资最快的方式不是把自己从一个小白培养成为代理商，而是借他人的渠道和资源为己所用。

招商是企业极为重要的战略目标，也是企业经营者的首要任务，是一家企业实现里程碑式飞跃发展的必经之路！

只有打造出完善的招商体系，才能确保企业拥有广阔的市场空间，使企业在市场竞争中保持长青！

李子彬

中国中小企业协会会长

国家发改委原副主任

# 目录

## 第一章 招商是企业商业转化的最后一公里



## 第二章 重构招商的思维

## 第三章 走进“融招养”三位一体的招商体系



## 第四章 走进融商——引爆思维

## 第五章 走进融商——引爆模式



## 第六章 走进融商——引爆渠道

## 第七章
## 走进招商——引爆产品



## 第八章
## 走进招商——引爆门店



## 第九章
## 走进招商——引爆会员

## 第十二章 走进养商——引爆会销

第一章 01

# 招商是企业商业转化的最后一公里

**怎样增加企业的现金流？招商！怎样颠覆同质化的竞争？招商！企业经营者的思维应该从“产品为王”转型为“招商为王”。**

**——王昕**

## 01　经营的启示：必须打造稳定的现金流

过去经营企业，只要有好的产品，就能够吸引客户上门购买，企业并不用为产品的销量而发愁，只需要对“买”“卖”的方式进行简单的研究就可以了。

但是随着市场竞争愈发激烈，商业环境开始由产品主导的时代过渡到消费者占有主权的时代。在这个时代里，好的产品并不一定能带来好的流量和销量，因为消费者的需求越来越多样化，对商品的要求越来越高。

### 市场考验企业的现金流

在供大于求的市场环境下，尤其是市场不确定性因素增加的影响，越来越多的企业经营者开始缺现金流。

以前，招商之所以不被企业重视，一个主要的原因就是当时企业并不缺资金。但是随着市场的不确定性增加，给企业带来了资金方面的挑战。随着市场竞争的加剧和业务风险的增大，企业需要更多的资金来应对市场的变化和满足业务发展的需求。一方面，企业需要增加资金投入，以提升产品研发、市场营销等方面的实力，提高自身的竞争力；另一方面，企业需要建立更加完善的资金管理体系，提高资金使用效率，降低经营风险。

这是自然界对所有企业的考验，也是市场对所有企业抗风险能力的“考试”，不管被考者是否愿意参加，最终都不可避免地要迎接这个考验。

这次“考试”的性质跟以往不一样，它所带来的结果非常残酷，企业要么生存下去，要么被淘汰。

还有就是，这次“考试”的时间可能会相当长，不少企业都要面临持续没有收入的境况，甚至有不少企业好不容易好转一点，刚打开门做生意没几天，资金链断裂，不得已又重新关上店门。

### 企业逆势增长的秘密

但是，也有不少企业在这段时间里实现了逆势增长。

为什么？最核心的原因有两点：

第一，就是这些企业种下了“招商”的基因，企业里每个人都具有招商的意识和思维。当企业变成“招商型”的企业时，抗风险的能力自然会大大提高，不会被突如其来的风险轻易击垮。

第二，企业的竞争对手也发生了变化。有些竞争对手经营不善不是面临倒闭就是元气大伤，一些新兴企业异军突起。

在此消彼长的情况下，招商型的企业把握住了这次契机，实现逆势增长，弯道超车！

企业在经营过程中会不可避免的面对各种困境。受伤不可怕，可怕的是没有学习继续受伤。那么，在这次考验中企业应该学到些什么？

我相信“必须打造稳定而持续的现金流”几乎成为每个企业家刻骨

铭心的经验。

因为流动的现金流就好像企业流动的血液，是企业的生命之流与经营之源。只有在充足现金流的保证下，企业才有下一步的发展。没有现金流的企业，无论规模做得多大，眨眼间也会轰然倒下，倒下的大地产公司就是最好的例子。相信企业家们已经充分认识到现金流的重要性了，在这里就不再多言。

## 02 创业市场是现金流的强大来源

既然现金流对企业来说如此重要，那么，如何才能获得持续而稳定的现金流呢？这是每个企业家需要思考和解决的问题。

现金流，也就是企业的运营资金，应该从哪里筹集呢？简单来说，无非来自以下三个市场：消费市场、资本市场和创业市场。

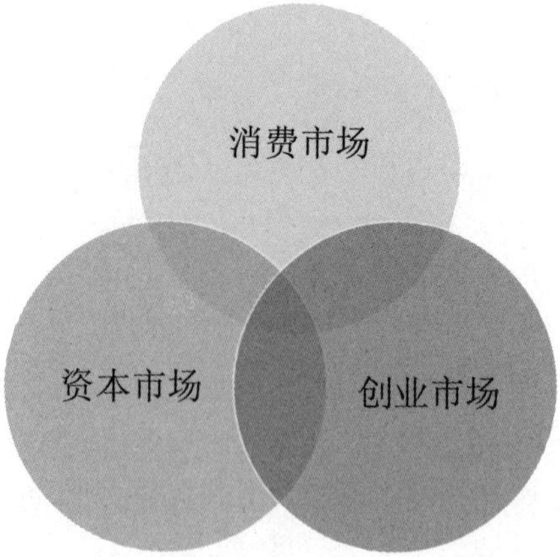


图 1-1　企业现金流的三个来源

### 消费市场

对于生产和销售刚需产品的企业而言，现金流的主要来源就是消费市场。

企业如果想在消费市场上获得强大的现金流，那么销售的产品必须是市场上的刚需产品，即消费者生活的必需品，或者是经受住了市场多年考验、品牌认知度高的产品。

一些企业巨头为什么会进军零售业？为什么会开超市？原因之一就是超市能够为企业带来稳定而持续的现金流。

### 资本市场

资本市场是金融市场的重要组成部分，在资本市场里有两类人：寻找资金的人和提供资金的人，而企业经营者就是寻找资金的人。

许多企业经营者都希望能够通过一级市场（股权市场）进行融资。比如，曾经有一个企业家问我：怎样能融资 3 000 万元？我问他：你融资的是哪一轮？他回答：天使轮。

投资者对企业每一轮融资的关注点都不一样，所谓“A 轮融资看产品，B 轮融资看收入，C 轮融资看数据，D 轮融资看利润”，而天使轮融资看的就是想融资的这个人的综合能力。因为处于这个阶段的企业，其产品还没正式投产，投资者唯有根据想融资的这个人的价值观、才能、责任心等各方面做出判断。

不过，如果一家创业型的企业刚起步就需要 3 000 万元的启动资金，背后反映的是这家企业的销售渠道有问题。在天使轮不容易能融到这么多资金，因为大部分投资者认为刚创立的企业并不需要那么多钱。

当然,如果你的企业能够成功获得这么多轮的融资,那么资本市场就是企业拥有强大现金流的后盾。但这其实并不容易做到,尤其是对于刚起步没多久的企业来说,要想在资本市场上融资,并不容易。

**创业市场**

进一步分析,精明的投资者或者投资公司通常会选择什么样的企业进行投资呢?

在现今的商业环境下,投资者或投资公司一般会选择两种类型的企业来投资:一是拥有众多渠道的企业;二是拥有庞大用户数量的企业。

如果企业只有产品的库存数,没有一定的数量渠道和用户,即使库存数量再多,对投资公司而言,也是不合格的。

把企业打造成为创业的平台是大势所趋。除了市场变化之外,现在越来越多"90后""00后"不甘心为企业打工,而是选择创业。因此,企业要向平台化转变,员工要向创客化转变,才能适应未来的时代发展。这是趋势,是无法阻挡的。

爱员工最好的方式就是让员工跟随企业一起成长!企业的经营者不应该给员工灌输"鸡汤",而应该灌输"招商"的理论。只有这样,企业才有可能实现跟员工一起富裕的目标。

**1. 在创业市场获得现金流**

招商经验丰富的人常说:顶层老板卖股权,中层老板卖地盘,底层老板卖会员。

我们可以从中明白一个道理,就是对于任何一家企业来说,可以"卖"的东西其实有很多,没必要只围着产品转,张嘴闭嘴只说自己的产品。

产品只是企业可以“卖”的一种东西，并不是全部。

精明的企业家一定懂得把企业分割成很多板块，不同的版块有不同的“产品”，不同的“产品”卖给不同的目标人群。比如，商机，即商业的机会、创业的机会，也是企业可卖的东西之一。

巨大的市场红利在创业市场，因此，创业市场是企业现金流的主要来源地。

如果你能够吸引想创业的人，把他们招揽到一起，让他们认识到跟你合作既能降低创业风险，又能赚到所需要的钱，还能满足内心对创业的渴望，实现“自己的地盘、自己的时间、自己来做主”的愿景，那么他们都会愿意跟着你创业。

因此，我认为，把卖产品变成卖商机，即卖创业的机会和盈利的机会，才是企业经营者在未来要销售的主要产品。而这个产品将会帮助你在全国快速地建立起无数个销售网点，快速提高市场占有率，快速扩大企业规模。

**2. 在创业市场融资**

既然现金流的来源主要是创业市场，那么，企业如何在创业市场上融资？

企业在创业市场上融资的方式有三种，分别是股权融资、债权融资和渠道融资。

股权融资就是指企业通过出让股权获得现金流。但是，如果稀释太多股权，会容易失去控制权，从而影响企业的战略决策。我建议，初创型的企业在三年之内，股东人数最好不要超过三人，这样才能保证企业的决策高度一致，使企业能高效地运作、快速地发展。当然，股权融资是需要时间的，通过这种方式达到融资，是有一定的难度。

债权融资就是指企业通过借钱的方式进行融资，同时需要承担利息。这种融资方式具有一定的风险，当借款到期时，企业不仅要归还本金，还要偿还利息。这会给企业的经营带来很大的压力，也会使企业经营者的眼光变得短视，不能做出长远的规划。

综合而言，渠道融资可以说是目前最优质的一种融资方式，原因在于：

第一，通过渠道融资获得的资金不用偿还。当你把商机、身份卖给别人的时候，交易就结束了。即使经营失败了，企业也不需要偿还这些款项的。

第二，通过渠道融资获得的资金不用支付利息，更不需要像贷款那样抵押物品。

第三，产品卖出去的同时，企业的渠道数量和用户数量也在增加，实现三方共赢的局面。

因此，渠道投资是目前最适合大多数创业者的融资方式。

通过招商，把渠道数据、用户数据建立起来，会使企业的价值随之上升，这是企业应当聚焦的战略方向。

# 03　传统招商与新型招商的区别

招商，从广义上讲，可以简单地诠释为一种关系。它是指发包方把自己的服务、产品在一定范围内面向目标群体进行发布，用于招募有共同目标的商户加入并一起发展。因此，招商，可简单地用四个字概括：招揽商户。

众所周知，现金流对于任何一家企业而言，都是生死攸关的大事，企业能否获得持续性发展取决于它收取现金流的速度。而招商就是企业收取现金流的一种场景体现，也是企业“获利”的最后一公里！

无论在古代，还是在现代，商品经济的出现必然会产生不同的招商行为。而现代社会是由人流、物流、资金流和信息流等要素组成，因此只要能聚集起这些要素，就有可能产生财富。

那么，如何聚集起这些要素？靠的就是招商！

## 招商的类型和作用

招商的常见类型一般分为七种：一站式招商外包、企业招商、政府招商、园区招商、商业招商、再出发品牌招商和再出发连锁招商。

如果按照企业的性质划分，招商又可以简单地划分成两大类：政府招商和企业招商。

政府招商的目的在于发展当地经济、带动就业、增加人民收入，这也是政府招商最明显的诉求，所以政府招商时会对企业进行多方面深入考察和评估。

而企业招商不仅能帮助企业快速建立分销渠道，扩大市场占有率，提升销售收入，更能凸显企业的形象和品牌知名度，使企业在同行业中具有更强的影响力和号召力。

另外，招商还能为企业下一步的发展储备人才，避免出现人才断层的问题。

## 传统招商与新型招商的区别

无论是哪一种招商，本质上都离不开三个问题：

(1)虽然拥有很好的产品，但卖不出去；

(2)想要建立强大而稳定的销售团队，却面临着人才不断流失的问题；

(3)企业天天在融资、众筹，可项目却无人问津。

要解答这些问题，要先了解传统招商与新型招商的区别。

过去，有产品思维的企业经营者只研究产品；而现在，具有招商新思维的企业经营者能够跳出产品去经营企业。

过去，传统的招商是依靠招商政策来刺激投资者加入；而现在，新型的招商依靠为投资者赋能来吸引投资者加入。

过去，传统的招商是以利益来引诱投资者；而现在，新型的招商是以利益来驱动投资者经营自己的事业。

过去，传统的招商主要是依靠企业经营者进行招商；而现在，新型的招商依靠整个招商铁军团队来开展招商。

过去，传统的招商是由总部采取直招的方式开展；而现在，新型的招商是通过门店的裂变来增加销售的渠道。

过去，传统的招商是投资者需要遵循市场规律慢慢地回本；而现在，新型的招商是帮助投资者快速回本。

由此可见，随着经商环境的转变，企业在招商的理念上也要随之改变。

“融、招、养”三位一体的招商体系，可以说是当下解决企业困境的最有效的招商理论。

“融、招、养”分别代表着融商、招商和养商，即通过融商提出解决的方案，通过招商来设计和实践方案，通过养商达到销售渠道的裂变。

# 04 成功的招商始于成功的心态

拿破仑有句名言"一头狮子带领的一群羊，能打败一头羊带领的一群狮子"，道出了头领的巨大价值。

而在企业里，企业家或者经营者就是企业的领导，企业领导的心态、思维和格局往往决定了企业的成败。

在企业发展的道路上，总是充满着陷阱与危机，而成与败往往只差一线，这时起到关键性、决定性作用的就是企业领导的抉择，支撑企业领导抉择的正是他的思维和格局。

因此，我认为，成功的招商首先始于企业家成功的心态。

## 企业家要明白什么叫成功

取得成功的一个很重要的条件就是"熬"，熬过了，你就成功了。另外，成功也是"挤"出来的。在挤的过程中，竞争能力不够强大的人就会被淘汰。

举一个例子。2019 年我主讲的课程"引爆招商"第一次开课，我记得当时开课的现场只有 42 个人参加，比现在参加这个课程的人数少了十几倍。即使这样，我也一直坚持，从未放弃。特殊时期，在政策允许时，我都在做好防控措施的前提下坚持举办线下课程。

事实证明，只要坚持下去，企业肯定会越做越好！万事开头难，所有的成功都是从零开始的。

成功的关键有两点：一是选对了方向；二是坚持。

越王勾践“卧薪尝胆”的故事告诉我们，勾践凭着惊人的毅力，十年如一日地坚持下去，磨炼了自己的心性，也培养出自己的实力，终于打败了吴王夫差，一雪前耻。

做企业也是这样，从无到有、从小到大的过程中，企业家都会经历很多挫折、失败和磨难，只有秉持初心、践行正道，一直坚持，才能收获成功，方得始终。

### 招商后要重新对招商过程复盘

招商本来就是“做离钱最近的事”，而招商后的复盘会使我们离钱更近一步。

我认为，复盘就是养商，养商对招商的裂变和持久性发展十分重要。

一方面，在复盘的过程中，要反思我们在招商过程中出现了哪些纰漏，如何做出改善；另一方面，复盘也可以进一步拉近与代理商之间的距离，了解他们内心真正的想法，这样才能对市场有更深入的认知。

如果企业的经营者不招商、不复盘、不养商，反而天天忙着花钱的事，比如，研发新产品、找广告公司推广、搞直营店的装修……还不如用更多的时间去思考如何经营。

## 企业家要永葆一颗不变的初心

很多人认为，我在招商的领域里，已经具有很高的技能、水平和经验，为什么我还会经常出现在很多培训课程、招商会议的现场，作为一个学生认认真真地坐在台下听课？

我想告诉大家的是：虚心学习、不怕辛劳，才是成功的基础。

如果企业家无法静下心修炼自己的基本功，总是想着一夜暴富，比如，后悔自己错过什么好项目……最终还是无法成功的。

## 秉持正念，方得始终

有一个成语叫“厚德载物”，说的就是我们必须要养成良好的品德，以真心待人，才能承载获得的财富和世间万物。

很多中小微企业的经营者总是不想付出，这样很容易误入歧途，被那些虚拟货币、资金盘、传销所欺骗，被一轮一轮地“割韭菜”，这是因为他们忘记了自己创业的初心，忘记了取得成功的根本就是秉持正念。

企业经营者应该专心做好产品，建设好渠道，通过“养商”来维护好跟原来代理商的关系，吸引新的代理商加入，这样才有可能成为下一个行业的独角兽。

有些企业家经常向我抱怨经营企业的各种困难，甚至到了情绪濒临崩溃的程度。对此，我感到很无奈，既然企业还没有沦落到无药可治的地步，为什么不去好好想想用什么办法帮助企业起死回生，走出绝境呢？

为此，我向他们提出了我的建议：打造一个招商平台，重新设定商业模式，重新打造企业的造血系统，建立起新的代理渠道，使企业拥有源源不断的现金流。当企业拥有充足的现金流时，很多问题就会迎刃而解。

企业经营成功与否，取决于经营者的信念。成功的企业家不仅对自己要求很高，而且是很自律的。无论遇到多大的问题，内心都要保持沉稳、自若，不能过分显露自己的情绪，不被情绪牵引和控制。尽管你的内心可能已经在翻江倒海，但是表面上一定要显现出风平浪静、闲庭信步的态度，这样才能稳定军心，得到伙伴的认同和信赖。

其实，企业里面并没有解决不了的问题，很多时候是因为你没有静下心，去寻找解决问题的办法而已。

因此，企业经营者应该记住一句话：办法总比困难多，只要你愿意去解决问题，就一定能够解决得了！

### 持有排除万难的信念和魄力

商业的本质，不外乎“买卖”二字，如何找到更多的人帮你卖产品，这是当下经营企业的关键。只有找到更多的人帮你卖产品，才能吸引到更多的顾客前来购买产品。

那么，如何找到更多的人帮你卖产品呢？“天下熙熙皆为利来，天下攘攘皆为利往”，这就是商业合作的本质。

只要你能够帮助代理商通过销售你的产品获得可观的收入，那么自然就会吸引越来越多的人成为你的代理商，帮助你建立起全国的销售渠道。

企业家在招商的这条路上，一定要坚定信念，坚持自己的选择，不要被眼前的困难所吓倒。经过深思熟虑，认为是正确的道路后，就要坚定自己的意志，拿出强大的魄力和执行力走下去。

举个例子，有一家英语培训机构因为经常遇到现金流短缺的问题，于是找我帮忙招商。我为这家机构策划了全员招商方案，要求在机构里面工作的英语老师必须兼做招商的工作。

然而，这个方案刚推出一天，竟然有70多个英语老师向企业提出辞职，因为他们拒绝做招商的工作。

这使人力资源部一下子受到了莫大的压力，而老板也没有想到更好的解决方法，就想放弃跟我的合作，转而考虑用贷款的方式来解决现金流。

但是我认为，整个企业的人员就是一个团队，大家都在这个平台上创业，不应该单纯地把解决现金流的压力压到老板一个人身上。

于是，我向这位培训机构的老板剖析了用贷款的方式解决企业现金流，以及用招商的方式解决企业现金流之间的差别和后果。经过我深入分析，这家培训机构的老板坚定了一定要通过招商来解决现金流的信念，并且拿出了强大的魄力，力排众议，坚决推行。

现在这家英语培训机构，不但不再为现金流的问题而苦恼，并且发展得越来越好，通过布局全国的渠道，已经成为国内数一数二的英语培训机构。

从这个例子可以看出，企业家具有坚定的信念和强大的魄力对企业成功与否非常关键。

# 第二章 02

# 重构招商的思维

**要想在竞争激烈的商业环境中生存，企业经营者不但要学会卖产品，更要学会“卖商机”。**

**——王昕**

# 01 到底什么是招商

很多人认为，招商等同于举办招商会议，这是一种非常错误的观念。

举办招商会只是单纯地通过举办一些会议，向外界介绍、宣传、推广自身的投资环境、招商项目，以吸引客商前来投资的一种引资活动，并不等同于招商。

而在“融、招、养”三位一体的招商体系中，举办招商会议只是这个体系中的一个环节。成功的招商除了举办招商会议之外，更重要的是招商前的准备工作、招商过程中的把控工作，以及招商后的服务工作。

## 招商的套路

如果你对我国的培训行业稍有了解，会发现大部分讲企业招商的老师，把招商曲解为“会销”。

“会销”的本质其实就是举办会议，把目标人群邀约到会场后进行现场成交。同时，还利用各种常用的套路，诱使目标人群投入资金。

这种近乎强买强卖的方式，使得被邀约到会的投资者免疫力越来越强，所以这种招商方式现在已经很难奏效。这种招商方式，可以称为“割韭菜”式的招商。

还有一些企业经营者认为招商等同于演说，只要口才好，就能吸引投资者前来加盟，这也是极为错误的观念。招商并不是只靠演说，演说只是助推招商成功的一个因素，但不代表招商。

而招商也不仅仅是举办招商会，举办招商会只是整个招商体系的一个环节。

另外，还有一些协助企业招商的第三方公司，对外打着“免费招商”的口号，背后却经常借各种名义向企业和投资者收费，如收取包装费、广告费等，同时还要求企业把招商收到的资金按较高的比例分成，这都会对企业和投资者造成很大的伤害。

这些做法都是拔苗助长、贪图眼前的蝇头小利，却忘记了招商时应该秉持的初心，最终伤害了企业，也伤害了加盟商。

因此，企业在选择协助招商伙伴时，一定要谨慎。

### 切忌采用过于激进

在招商过程中，企业经营者常犯的一个错误就是过于激进，用过度的政策来刺激投资者加盟。

曾经有一个企业经营者找我，希望我对他的招商方案提出一些建议。在了解完企业的基本情况之后，我建议他调整现有的招商方案，因为我觉得他的招商方案太激进和冒险，几乎没有成功的可能性。

不仅如此，他因为担心吸引不了投资者加盟，还推出了各种各样的优惠政策，其中有些优惠政策的内容互相重叠，还有些政策给出的优惠力度太大，超出了企业可以承受的能力。

当我看完整个招商方案时，感觉他好像恨不得把所有的优惠政策都提供给加盟者。可是，帮助企业招商多年的经验告诉我，优惠政策是不能够一下子全拿出来，更不能出现内容重叠和超出企业所能承受的情况，而是要根据实际情况分阶段实施，逐步推出。

因此，我建议他调整其中的内容，但是他并不同意，坚持要按照原来的招商方案实施。结果三年过去了，他不仅背离当初定下的招商目标，还让企业深陷困境。

为了取得招商成功，很多企业往往会设计各种各样的优惠政策来吸引投资者加盟，这本来是很正常的事情，但是切记不要用过度的政策来刺激投资者加盟，一定要量力而行。否则，不仅会使企业以后的负担越来越重，而且当投资者消化了这些政策，开始对原来的政策出现免疫能力的时候，就很难再推出新的优惠政策来吸引他们。

## 踏踏实实为投资者着想

真正好的招商方案，在执行的那一刻开始，实实在在地去为投资者着想，帮助他们尽快回本，这才是招商应该持有的初心。

很多人在举办招商会议的时候，想的不是如何帮助投资者回本，而是玩各种套路，先吸引他们投资。比如，采用所谓的“费用全返”的方式做噱头，甚至模仿资金盘的奖金模式来刺激投资者投资。总之，为了吸引投资，使用各种各样的套路和手段。

殊不知，当坑蒙拐骗投资者的时候，到最后也会坑了自己。

因此，总结招商多年的经验后，我认为有三类企业，无论其资金多么充足，都不应该协助它进行招商：

第一，不坚守给客户带来价值的企业；

第二，操控资金盘和经营虚拟货币的企业；

第三，不愿意养商，对投资者、加盟商、代理商不负责任的企业。

现在的投资者见多识广，不会轻易被表面的语言、奖金、活动所迷惑，他们的眼睛是雪亮的，一旦发觉企业在弄虚作假，他们不仅不会回头，而且还会向外界传播关于企业的负面信息。

所以，企业更应该依靠自身的专业和成果，依靠正确的理念去吸引和留住投资者。在不降低企业档次的同时，吸引他们主动前来合作，这才是正确而持久的招商思维。

把招商的各个环节打通，形成企业的第一战略，在 3～5 年里把大部分精力聚焦到招商这里，踏踏实实地做好招商项目的策划，帮助投资者盈利，服务好已加盟的代理商，这样才能帮助企业真正地实现逆势增长、弯道超车。

# 02 招商的核心是赋能

赋能是近几年比较火的词。2017 年在广州举办的年度财富全球论坛中，几位企业家在演讲中都不约而同地用到了“赋能”一词，赋能在企业未来的发展中占有举足轻重的地位。

那么，何谓赋能？形象地说，就是你在某些方面原本存在着一些短板，但是当我赋予你一些能力，帮助你改善了这些短板后，你就能够做到以前做不到的事情。简而言之，就是“赋予你更多的能力”。

## 招商从赋能开始

招商其实是企业取得发展的一种策略，招商的目的就是帮助企业建立起众多的分销渠道，促使企业进一步发展壮大，进入良性循环的高速成长期。

但是企业在发展壮大的过程中，自身的各项条件也必须要跟上，才能健康地向前发展。

如果企业自身的基本功不扎实，无论规模做得多大、营业额有多高，最终都只是昙花一现，并不能长久。“千里之堤，溃于蚁穴”，企业一旦出现短板，很可能在某个时刻、因为某个原因而轰然倒下。

因此，招商的本质和基础就是赋能，即帮助企业改善它自身的一些劣势，使它能够跟上发展的要求。

而招商结果的好与坏，只是企业内在因素对外表现出来的结果而已。当企业的各项基础工作做得好，基本功做得扎实时，就能够通过招商轻而易举地获得快速发展；如果企业本身存在着很多问题，那么招商的工作也将举步维艰。

**赋能的具体表现**

具体而言，为企业赋能具体体现在以下几个方面：

（1）为企业文化赋能，即为员工的价值观、思维模式等方面赋能；

（2）为产品赋能，即为产品的定位、品相的梳理等方面赋能；

（3）为品牌赋能，包括建立天网、地网、人网，为企业的宣传等方面赋能；

（4）为互联网技术赋能，包括建立客户的管理系统、供应链管理系统、数据库等方面赋能；

（5）为人力资源赋能，即为企业打造出招商铁军团队的系统、培养门店的经营人才等方面赋能；

（6）为企业的经营赋能，即为运营的分析、促销的管理、社群的营销、渠道的裂变等方面赋能；

（7）为资本赋能，即为企业建立金融供应链，促使现金流更加稳定等方面的赋能；

……

通过为企业赋能达到招商目的，吸引投资者主动加入与吸引投资者前来投资完全是两个境界、两种结果。

举个例子,2006 年杨陵江于成都创立 1919 酒类直供公司,该公司目前在全国拥有近 1 200 家线下门店,是目前国内最大的酒类新零售平台,也是酒类零售“独角兽”企业。

该公司之所以取得成功,首先是对渠道进行赋能,它遵循渠道为王的销售策略,通过社区、社群的招商方式,无论是社区店,还是街边的实体店,甚至是小型的烟酒店,全部更名为 1919 的品牌。这些实体门店除了作为该公司的体验中心、售后服务中心,还作为代理商的裂变运营中心,甚至是公司对外开放的产品仓库。

除了对渠道赋能外,该公司还在线上赋能,用户无论是在线下下单,还是在线上下单,都能享受到 19 分钟送达产品的服务,这就是社区+电商+实体店的经营模式。

此外,该公司还在供应链方面,以及在互联网技术方面进行了赋能和升级,打造出从厂家到消费者之间层级最少、服务最快捷、成本最低、推广最精准的集订单处理、采购供应、仓储物流、数据营销四位一体的数字化服务平台。

另外,盒马系列门店在运营方面,不仅为自己开创了新的商业模式,还为整个行业赋能,成为新零售的标杆。

盒马采用餐饮加超市的形式,在短短不到 4 年的时间就拓展了盒马鲜生、盒马菜场、盒马 F2、盒马 mini、盒马小站、盒马 pick' n go 和面积最大的社区购物中心业态“盒马里”七大业态。

盒马既是一家技术创新型的企业,也是一个消费驱动型的企业,其经营者通过研究消费的新需求、新趋势,重新定义和构建了新的商业业态。盒马创始人兼 CEO 侯毅认为,今天的消费需求变了,玩法也就变了,谁领先一步,谁就能率先在蓝海中快速胜出。

## 赋能谁就整合谁

从企业内部来说，各个部门人员也要从原来的“收割思维”转变到“赋能思维”。

比如，行政部门，对于很多企业而言，属于成本部门，它并没有为企业带来看得见的有形收入，那么如何把这个部门转变为利润部门呢？我看到一部分的企业开始尝试在企业内部推行“互为客户”的经营理念，即行政部门服务于企业其他部门时，其他部门需要向其支付服务费用。这样一方面可以促进行政部门人员工作效率的提升，另一方面也增加了其他部门的成本意识，同时还把行政部变成了利润中心，可谓一举三得，这也是对企业内部各部门的赋能。

图 2-1　总店对加盟店的五大支持

以我的公司为例，我的公司为合作的企业开放了大数据的支持，帮助他们在产品上新、加快产品流转的同时，也加快周期性补品，帮助企业创造让客户复购的理由；协助合作的企业建立起免打扰的无人导购系统，不仅帮助企业降低了人工成本，还让他们的客户获得了自由购物的空间……

总之，一家企业之所以取得成功，背后一定是整个运营体系共同协作、共同支援的结果，并不是因为在某一点做好了，就会成功。因此，为企业赋能是涵盖企业的各方面，并渗透到企业的每个角落。

企业经营者千万不要被产品所限。产品在某种意义上来说，只是经商的一种道具而已。而给企业赋能、给个人赋能不仅是没有边界的市场，而且是一个庞大的市场！

当你赋能谁，你就能整合谁！

# 03 企业应该卖什么

小老板卖的是“实”的产品，做的是实物的生意；大老板几乎卖的都是“虚”的产品，做的是虚拟产品的生意。

小老板研究的是如何把有形的产品卖掉；大老板研究的却是如何把虚拟的产品卖掉，比如，平台、方案……

因此，要想在竞争激烈的商业环境中生存，企业经营者不但要学会卖产品，更要学会卖“商机”。

何谓商机？商机就是指当前存在的商业机会。

## 企业经营者应该学会卖“商机”

对中小企业来说，如果生产和销售的产品不是老百姓的刚需产品，同时也没有资格跻身上市公司，那么创业市场将是获得现金流的主要来源，而渠道融资也是这类型企业目前最佳的融资方式。

企业经营者可以把想创业的人吸引过来，通过卖商机的方式，快速地在全国建立起销售的渠道，缩短成长的时间；而创业者通过买商机的方式，降低创业的风险，满足创业的欲望，获取的利润。

因此，卖“商机”就是卖企业未来要销售的主要产品。

因为商机本身就是一种产品，它更多体现的是一种“身份”，所以卖“商机”在很多时候就是卖“身份”。

何谓卖“身份”？就是把称号、荣誉、权利等虚拟的产品卖给目标人群，比如，股东、私董、联合创始人、合伙人、会员……它的本质其实就是卖“商机”。因此，我认为，“虚拟的身份”才是企业经营者最应该卖的产品。

简单概括，就是业务员卖产品，老板卖“身份”。

众所周知，智能手机的兴起促使微商快速崛起，有些微商发展得红红火火，让很多人羡慕不已，加入微商的人越来越多。

微商为什么会红火？究其原因，微商的核心也是在卖商机。他们通过不断发展代理的新零售模式，使销售的网络越来越广。而这么庞大的营销系统，如果单靠企业的一己之力，是很难做到的。因此，把商机卖出去、给个人赋能是企业快速发展的有效手段。

### 企业经营者应该学会创造商机

那么，企业经营者应该如何去创造这些商机？

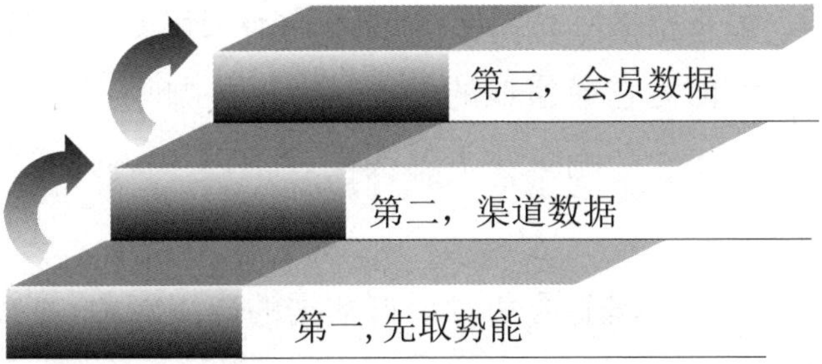


图 2-2　创造商机三步骤

**第一，先取势能**

资本市场离中小企业太远，消费市场又因竞争太激烈而发展空间有限，因此，创业市场是企业获得现金流最好的地方。

要想获得现金流，可以通过卖“商机”的方式来实现。卖“商机”不仅能让企业获取现金流，还能让企业获取势能。

商场上有一句话“越缺钱的时候，越不能让别人看出来你缺钱”，这句话背后的逻辑就是有钱的人肯定比没钱的人更容易融到钱，因为融钱给你的人不怕你没能力还。

因此，就算你的企业很缺钱，很需要资金来周转，但是千万不能降价，更不能通过免费加入的形式来获取融资。这样做不仅不能吸引大量的投资者加入，还会影响企业以后对加盟商和代理商的管理。

换句话说，企业在缺钱时，不但不应该下调费用或者免费，甚至还可以调高费用，借此获取势能，这对招商来说非常重要。

**第二，渠道数据**

吸引投资者目光的，其实并不只是企业的产品质量有多好，也不只是企业的售后服务有多完善，而是企业有多少渠道数据。

如果没有大量的渠道数据，投资者为什么要投资呢？

比如，瑞幸咖啡，它的咖啡好喝吗？好喝。它的服务人员态度好吗？挺不错。但是跟星巴克相比，其实并没有突出之处，为什么投资者还愿意投资它？因为它最值钱的并不是那一杯咖啡，而是它拥有庞大的渠道数据。至于它的咖啡味道怎么样，并不是影响瑞幸咖啡发展的主要因素。

企业对渠道的管理能力和对渠道数据的应用能力，直接影响企业的经营规模和增长速度。

举个例子，世界上单一销量最高的啤酒是哪一个品牌？不是青岛啤酒，也不是百威啤酒，而是雪花啤酒。

雪花啤酒为什么能做到销量第一？其中一个重要原因，就是它能够实时地查看到每个城市、每片区域、每条街道，甚至是每个餐馆、酒吧，当天卖出了多少瓶啤酒，而在卖出的啤酒中，雪花啤酒占了多大的比例。

雪花啤酒能够精细地、精准地掌握这些渠道数据，成为它一个强而有力的核心竞争力，使它逐渐超越竞争对手，占据了"单一销量最高的啤酒品牌"的位置。

**第三，会员数据**

渠道数据和会员数据都是企业巨大且最有价值的资产，而会员数据更被称为"可以运营的资产"。

以前，企业拥有会员的形式，大多就是储存于数据库里的一堆数据。而企业能做的，就是凭借这些数据向会员发送广告邮件、邮寄产品目录或者发送宣传单等，但这对于企业的品牌和经营的效果不是很好。

当前，基于大数据建立的会员体系，所有的顾客数据都会在线被充分分析和利用，也就是说，会员的具体数据通过大数据库，甚至人工智能的比对分析，进一步帮助企业针对会员的不同特性，提供差异化的服务，甚至有时候还超出了会员自己的预期，使会员获得更好的购物体验和服务体验，从而促进了企业营业收入的增长。

因此，在未来的三年，企业应该聚焦于通过招商的方式建立渠道数据库和门店的会员数据库，并加以详细地分析和充分地利用，这才是企业获得未来市场空间的利器。

# 04 从经营产品到经营顾客的生活方式

跳出产品的概念，进入经营顾客生活方式的高度，是企业经营模式发展的必然趋势。关于这一点，很多企业经营者并不太理解，下面就这个话题展开阐述，以便读者更深入了解，更好地把握未来发展的方向。

## 商业模式不断变化

要探讨未来的发展趋势，必然要先回顾过去的发展历史。

自 1978 年开始改革开放至今，中国的经济发生了翻天覆地的变化。从 1978 年国内生产总值约 3 645 亿元上升至 2021 年超过 114 万亿元。

经济飞速发展，促使企业的商业模式不断变化。

在 1990 年以前，我国的商业市场主要以生产为主导，企业采用的是最简单的"买卖模式"。那时候物资相对匮乏，市场的话语权被牢牢地掌握在生产者的手中，谁拥有了产品，谁就拥有市场的话语权和定价权，因此，当时只要有产品，必定会热销，企业根本不用担心产品的销路问题。

随着改革开放逐渐深入，从 1990 年至 2005 年，市场的竞争行为开始出现，零售业的销售功能也逐渐凸显。这时候的企业和商家开始考虑如何把产品卖出去，因此，他们一方面开始研究各种销售技巧和方法；另一方面也在不断地钻研产品的性能、改善产品的质量，希望通过产品的优势来提高销售的业绩。

在这个时期里，很多企业家逐渐形成了“产品思维”，把做好产品作为企业发展的首要目标。此时，人们开始对商品有了基本的概念。

2005 年至 2013 年，各行各业的市场规模不断扩大，市场经济快速发展的同时，行业内的竞争压力也越来越大。专卖店、现代百货、生鲜超市等各种零售渠道逐渐出现，差异化的定位开始明显，这也促使了市场的营销模式迈向细分化，商业模式由注重单纯的产品销售转向社会性营销的前期阶段。

2013 年至 2018 年，互联网技术突飞猛进，促使电子商务平台相继出现，加上智能手机兴起，使零售业进入了移动终端时代。

这个时期，电商的发展非常迅猛，对实体门店造成的压力也越来越大。为应对电商带来的冲击和同行之间的竞争，企业和商家开始注重搭建平台、品牌和营销渠道。

2018 年至今，由于市场竞争空前激烈，传统零售业陷入困境，零售业的转型和升级迫在眉睫。又因为“新零售”观念应运而生，商业模式开始转向立体的直播营销与社群营销，商业生态圈慢慢地形成。

### 从产品思维到生态思维

以前，企业的经营者都是围绕产品进行全方位思考，比如，关注产品的性能、设计、优势、参数，以及使用的人群和应用的场景等，这是产品思维。但是只有产品思维是不行的，因为现在好的产品比比皆是，要在众多产品中脱颖而出，就需要掌握渠道、平台，乃至参与到用户的生活方式中去。

相应地，企业家的思维也由原来的产品思维过渡到营销思维，然后发展成平台思维和用户思维，再发展成为生态思维。

在如今的市场营销中，产品逐渐沦为配角，其重要性变得越来越弱。当然，不是说产品不重要，而是好的产品已经成为如今企业的标配，如果只强调产品具有什么优势，现在已经很难打动消费者了。

当产品由经营的主体逐渐转变为连接用户的一种工具时，就慢慢地参与到了用户的生活当中，业务的主体也由经营产品逐渐转变为经营用户的生活方式。

前面说过，如今企业的商业生态圈正在逐渐形成。那么，何谓商业生态圈？它是指参与商业活动的各企业、机构、利益相关者共同搭建的一个平台，共同享受这个平台带给各方的价值。与生物生态圈相比，虽然彼此之间的竞争性依然存在，但更多的是强化了各方的合作互动关系、共赢共享关系，以及整体发展的关系。

商业生态圈的这种特质，使组成圈子的企业和机构各自占据着重要的位置，他们互相协作，不再各自为战，而是有着共同目标，相互支撑、共生，形成一个完整的闭环。

对于消费者来说，由于商业生态圈是一个大圈子，组成这个大圈子的各家企业和机构围绕着共同的用户提供服务，涵盖从衣、食、住、行到旅游、娱乐，再到金融理财等各方面，所以用户的行为基本上就被圈定在这个圈子里。

比如，阿里巴巴集团构建的商业生态圈就涵盖了B2B、贸易、个人零售、支付、企业管理软件和生活分类信息等服务范畴，大致如下：

(1)支付：支付宝。

(2)贷款:蚂蚁小贷,包括蚂蚁花呗、阿里信用贷款、网商贷、淘宝(天猫)信用贷、淘宝(天猫)订单贷。

(3)理财:余额宝、招财宝、蚂蚁聚宝。

(4)保险:众安保险、国泰财产险。

(5)证券:德邦证券。

(6)银行:网商银行。

(7)征信:芝麻信用。

(8)基金:天弘基金、数米基金。

(9)众筹:蚂蚁达客、淘宝众筹。

### 经营客户的生活方式

不仅阿里如此,包括腾讯在内的所有大型互联网企业,他们的最终目的都是打造商业生态圈,构建“生态盈利”的模式。他们通过聚集庞大的用户量,服务用户的各方面,包括生活、工作、休息,最后形成一个商业生态系统。

通俗来说,就是一个人从出生到死亡,从早上起床到晚上睡觉,他所有的经济行为、生活行为都与这个生态圈息息相关,他所花的每一分钱都由这个商业生态圈来提供。

而打造商业生态圈的本质就是满足用户的各种需求,归根结底,经营用户的生活方式就是企业的商业模式发展方向。

讲到这里,可能你会认为,打造商业生态圈是大企业的发展策略,我只是中小企业而已,只要卖好自己的产品就够了,经营用户的生活方式与我无关。

这样的想法是错误的。因为经营用户的生活方式,是未来商业发展的必然趋势,企业是不可以避开的。就像互联网一样,当互联网时代来临,即使企业很不愿意拥抱互联网,但时代的发展和用户需求的升级,仍然会一步一步地推着企业走进互联网的时代,使用互联网的工具进行营销和管理。

当一家家企业通过大数据库构建了一个个商业生态圈,当这些生态圈又给用户带来巨大的便利和价值时,商业就一定会向着这个方向发展,不随个人的意志而改变。

因此,渠道就是机会。在未来的三年内,渠道、产品架、社区店将成为炙手可热的经营要素,成为各家商业机构争夺的资源。这些资源既可以帮助商家销售产品,又可以为它们收集数据,为企业打造商业生态圈、经营用户的生活方式奠定基础。

无论是小米之家,还是京东小店,这些互联网巨头都在争相布局线下的门店,因此,时不我待,企业抓紧时机发展才是最重要的。否则,珍贵的资源很快就会成为其他企业的囊中之物。

## 05　企业家只做三件事

创业环境在变，新的市场环境对企业家与创业者思维能力的要求也在变。

很多从事传统行业的企业家只顾着研发产品，其实产品只是经营企业过程中一个“1”，如何在这个“1”的后面添上无数个“0”？这才是企业家需要思考的核心问题。

许多商户手中的库存产品，无论质量有多好，只是在朋友之间流通，很难做到大规模的销售。

因为好的产品只能获得用户的“满意度”或者“好的口碑”，仅此而已，对企业的快速发展并不会有太大的推动作用。

### 企业经营者要有的思维

一个企业想做大做强，就不能只局限于产品思维，而是要有布局思维。

很多成功的大企业，如果单从产品的维度来看，并不一定比精细的作坊做得更好，但是因为大企业拥有资金和人才，懂得做战略上的布局，所以企业能够越做越大、越做越强。

除了有产品思维这个“死穴”之外，现在许多企业经营者还犯“艺术家的思维”的毛病。

追求产品的质量，使其尽善尽美，接近于艺术品，本来是无可厚非，甚至还值得鼓励，好像乔布斯一直追求苹果手机在设计上、功能上尽善尽美一样。

可是，“艺术家的思维”并不适用于创业型的企业，对于还处在创业期的企业来说，在人力、物力都有限的情况下，更重要的是考虑如何去迎合市场，如何在市场中找到立足之处，生存下去。

比如，杭州有一个生产家具的企业找我帮忙招商。他们的要求是：加盟商必须要懂艺术，同时需要支付加盟费 200 万元。这让我感到很疑惑：加盟费如此之高，回本周期是不是很快？

这个经营者回答：由于他们属于家具行业，这个行业的特点就是顾客的进店率较低，复购率也较低，回本周期一般比较长，至少需要一年半才能回本。

如果按照这家企业的这两个要求来招商，难度会非常高，我把这种思维称之为“艺术家的思维”，意思是“调起高了”。

### 企业经营者的三种类型

企业经营者可以分为三种类型：产品型、招商型和艺术型。

产品型的企业经营者虽然能够做出优秀且叫座的产品，却很少能够把企业做大、做强。

艺术型的企业经营者虽然能够做出有情怀、有追求的产品，也能够吸引很多投资者加盟，但是能够赚到钱的并不多。

而招商型的企业经营者，虽然不一定能够做出很好的产品，也不一定有令人为之陶醉的情怀，但是他们往往能够把企业的规模做大，把企业的核心竞争力做强。这样的企业经营者才是真正为社会作出贡献的企业家。

### 企业经营者要做的三件事

真正的企业经营者思维，应该是从“产品为王”转型为“招商为王”，即：

(1)企业经营者只做离资金最近的事。

(2)企业经营者只讲离资金最近的话。

(3)企业经营者只见离资金最近的人。

企业的一切战略、布局、思维、行动，甚至日常开会，也要围绕着这三句话来进行。

“只做离资金最近的事”就是开招商会。

“只讲离资金最近的话”就是讨论如何招商，如何发布招商项目，如何进行路演等。

“只见离资金最近的人”就是企业经营者应该经常跟加盟商、代理商、合伙人、合作渠道等站在市场一线的人保持密切的沟通，以便第一时间掌握市场的变化和用户的意见。

当你抓好这三件事，那么就算是掌控住企业的现金流了。

招商的能力决定着企业能跑多快，招商的愿景决定着企业能走多远。

单纯地销售产品已经成为过去，企业家的真正思维就是要学会发现和整合其他人的长处，包括整合招商的渠道和招商的团队为已所用，成为整合家、融合家，这才是真正意义上的企业经营者。

图 2-3 企业经营者应该做的三件事

很多企业在招商的过程中都会遭遇巨大的挫折，但是如果没有经历挫折，就不会有强大的企业精神。成就伟大企业的背后是坚定、努力，以及持之以恒的精神。当你有着这样强大的事业信念，有着这样一份使命感和责任感时，你的企业就会走在成功的路上。

第三章 03

# 走进"融招养"三位一体的招商体系

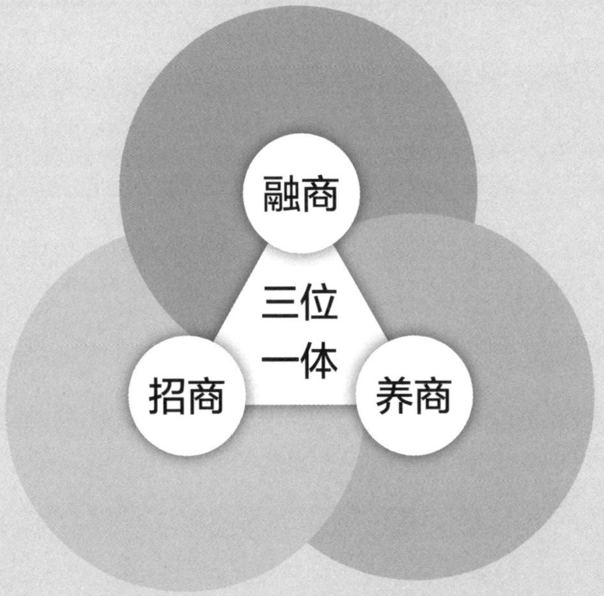

**招商之所以能成功，是背后整个系统共同运营、共同配合的结果；招商之所以有失败，是因为很多时候只是做了碎片化的工作，缺乏系统的支持。**

**——王昕**

## 01　认识“融招养”三位一体的招商体系

企业招商不仅是为了卖出自己的产品，更重要的是帮助企业建立后端无限盈利的平台。

以前，由于大众对招商的认识不够深入，招商体系也不完整，所以出现了以点带面、以偏概全的认知。在这里对招商这个概念重新定义：

招商是一个系统性的工程，涵盖“融、招、养”三方面的内容，即由融商、招商和养商三部分组成，这三位一体的招商体系才是整个“招商”的丰富内涵。

“融招养”三位一体的招商系统是实现全方位招商的完整体系，它使企业在低风险投入的同时，创造出更多的融资机会。

首先，它帮助企业经营者打开思维，建立天、地、人三网合一的全方位招商渠道；其次，通过招商过程中的各种工作放大企业的商业模式；最后，打造出一支属于企业的招商铁军并落实企业的各种规划。

因此，成功的招商具有三个核心的关键点：

第一，企业要调整的是产品链，而不是产品本身；

第二，对招商方案进行梳理；

第三，打造具有超强战斗力的招商铁军。

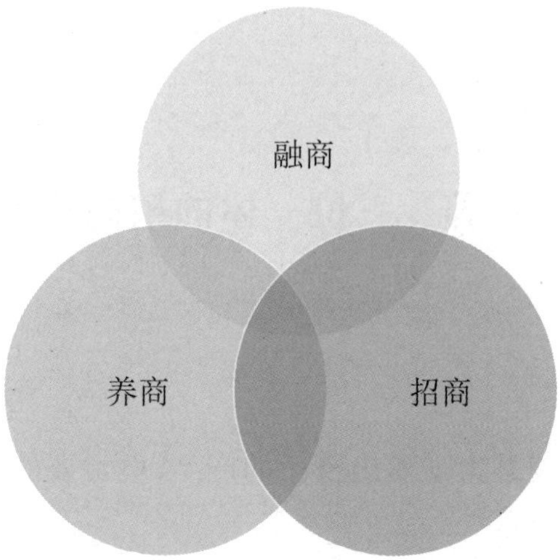


图 3-1 “三位一体”的完整投商体系

## 融商、招商、养商的价值

融商、招商、养商在招商的过程中分别起什么作用？

具体来说，招商的第一步就是“融商”。

俗话说，好的开始是成功的一半。融商的作用在于通过设计融商的方案、对企业进行估值等，快速融人、融钱、融资源，使企业达到快速回本的目的。

招商要做到线上线下相结合，把企业的商业模式放大，使企业的架构走向集团化，未来走向平台化、数据化。

因此，企业集团化、平台化、互联网化，是解决融商的三大核心。

当企业走向集团化后，就需要实施一系列的招商措施，研发门店所需的数据软件，协助门店完成互联网化升级，构建整个招商工作的闭环。

招商的第二步包含两个方面，分别是设计招商方案和打造招商项目的闭环。

企业通过设计招商的模式，完善整个系统的闭环，吸引新代理商加入，建立起企业的自我造血系统，从而打造企业招商平台。

“只招商，不养商，最后一起受伤”。如果企业只聚焦招商，而忽略了招商成功之后的“养商”，最终不但使代理商受到伤害，自己也会倒下。

因此，招商的第三步就是“养商”。“养商”的目的有两个：第一，帮助投资者和代理商回本；第二，促使原有的渠道和客户实现自我裂变。

在“养商”阶段，重点关注的是投资者是否能回本；企业经营者是否为投资者、代理商等合作伙伴输出统一的回本方案；培训的负责人是否提供相关的沟通技巧培训等。这样做的目的是通过维护与代理商的关系，促使他们裂变出更多的渠道。

### 融商、招商、养商的主要内容

招商需要硬功夫，这是企业核心竞争力的综合体现。其中，最重要的是招商模式的设计、招商架构的梳理、招商方案的提炼和招商铁军的打造。每一个环节的方案设计不尽相同，因此，需要思考的内容也不一样。

**融商讲求引爆思维、引爆模式、引爆渠道；**

**招商讲求引爆产品、引爆门店、引爆会员；**

**养商讲求引爆铁军、引爆路演、引爆会销。**

作为企业的经营者，必须要清楚了解招商的顶层战略布局、中层的渠道方案，以及底层门店会员动销的九个维度，也就是“九大引爆”，加上“三大核心”，就形成了“融招养”三位一体的招商体系。

每一家企业的发展都充满艰辛，无论是投资者、代理商、企业的员工，还是经营者自己，都不要忘记初心，坚持在布满荆棘的创业路上砥砺前行。

经营企业可以说是一场自我修行，如果无法改变大环境带来的影响，那么唯一的办法就是把自己做强。

## 02　招商前的自我诊断（上）

企业可以对照下面的图进行招商的自我诊断，通过这八个纬度来检测自己在招商方面可能存在的问题。

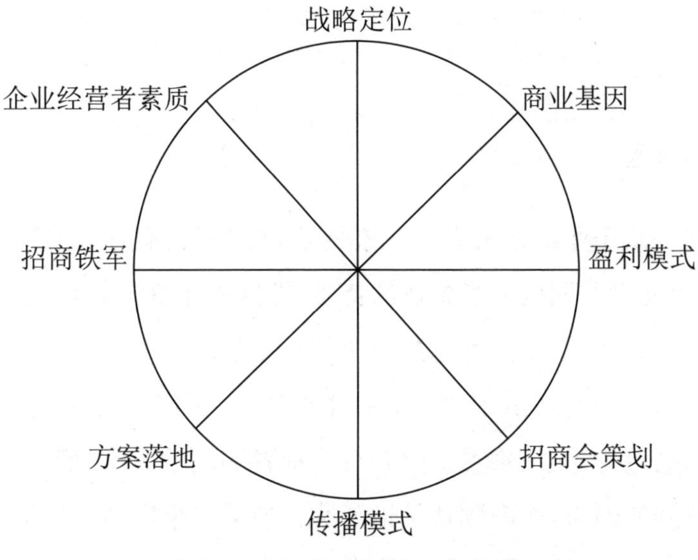


图 3-2　招商诊断的八个纬度

## 战略定位

如果企业的定位不清晰，在招商过程中很容易产生方向性的摇摆，这是招商最大的致命伤。因此，作为企业经营者，在方向上必须有清晰的定位。

以我的公司为例，我在创业初期就已经确立了非常明确的使命和坚定的战略定位，就是帮助企业招商，扩大企业的营销规模，带动企业的现金流。这是源于我在招商方面拥有专业的水平、过硬的本领，以及多年的丰富经验。基于自身的优势以及市场的情况，我把“为企业招商”作为公司的战略定位。

战略定位非常关键，一定要基于对竞争对手的分析来确定自身的战略定位，并且要清晰地阐述出：“我”是谁、“我”为哪些人服务、“我”提供的服务跟同行的差异在哪？

可以做第一，也可以做唯一，这是定位最基本的思维。如果做不了行业的第一，可以选择做行业的唯一，即提出一个全新的理念，重新定义所处的行业。

## 商业基因

任何一家企业都是由五个元素构成，即产品、服务、品牌、模式、团队，这五个元素共同构成了企业的特质，即区别于其他企业的差异化竞争优势。因此，这五个元素也是企业的商业基因。

从目前的消费者需求来看，在消费领域，好产品普遍具有三大特征：刚需、痛点、高频。刚需是指满足消费者的刚性需求，痛点是指解决消费者遇到的困难，而高频就是指消费者购买这个产品的频率。

服务方面，良好的服务可以为企业带来巨大的竞争优势。比如，海底捞、胖东来，就是通过提供良好的服务使企业在同行中脱颖而出。但是，服务必须依托于产品，如果产品很差，那么企业连服务消费者的机会都没有。

品牌能为企业带来巨大的价值，这一点毋庸置疑。比如，两件衣服在用料、设计、做工等方面都非常接近，但不同的是，一件衣服贴着的牌子是国际著名品牌，另一件衣服贴着的牌子毫无知名度。那么，这两件衣服的售价会接近，甚至一样吗？肯定不一样，而且差别还很大，这就是品牌的魅力。

模式包含盈利模式、战略模式、运营模式等，它的重要性体现在：对于同样的产品，如果企业有好的模式，就会迅速整合资源，快速扩大规模，并且有效地解决消费者的信任问题。一家企业如果有好的模式，它就成功了一半。

至于团队，为企业带来的价值主要体现在：提高企业的运作效能、帮助企业实现目标、推动企业的创新和变革。所谓“小成功靠个人，大成功靠团队”，企业在激烈的商业竞争之下，唯有依靠团队协作的力量，才能创造出奇迹。

### 盈利模式

盈利模式是商业模式的一种，即企业获取利润的方式。因此，必须把从原本赚取产品的差价转换为赚取“看不见”的利润。

产品的差价就是“看得见”的利润，因为这个利润是显而易见的。当企业想挣“看得见”的利润时，别人也会看到，所以竞争对手会非常多。当竞争对手多了，就开始打价格战了。

那么，什么是“看不见”的利润呢？

比如，麦当劳，它在很多主营产品（如巨无霸）上并没有什么利润，它真正赚的是来自物料配送的利润。

又如，小米，它的电视机卖得很便宜，它赚的并不是卖电视机的利润。但是，如果你要收看节目，就必须为内容付费——先把用户的数量做大，再通过后端的服务来获利，这就是小米的获利模式。

把“看得见”的利润分掉，赚背后“看不见”的利润，这是互联网企业常用的套路：先让用户免费用，然后从广告、游戏、电子商务上获利，腾讯就是这样一步一步做大的。

因此，我们不要把思维禁锢在赚产品的利润，而应该改变思维，赚背后“看不见”的利润，这才是好的盈利模式。

## 招商会策划

对于新品牌、新项目、新产品的推广，以及企业要拓展的新市场，我认为举办“一对多”的招商会是理想的战略选择，因为举办招商会的成本较低，而且效率非常高。

当然，举办招商会并不是简单地举办一场会议，而是要规划整套的企业发展战略和完善的招商体系。因此，在举办招商会前，企业必须要进行详细的策划，就像盖一栋摩天大楼时，必须要把图纸设计好，然后按照图纸进行施工，这样盖出来的大楼才是自己心目中的大楼。

如果没有图纸，工人在盖楼的过程中往往会随心所欲、任意修改，最后盖好的大楼可能会发生崩塌。

俗话说，“台上一分钟，台下十年功。”举办招商会的目的就是“收人、收心、收钱”，这需要企业经过事前的详细策划、事中的严格把控和跟进、事后的完善服务才能做得到。

## 传播模式

无论是过去的纸媒、电视，还是现在的新媒体，传播的关键是：快速、精准、持续、性价比高，这是衡量媒体传播有效性的最基本准则。

随着互联网技术的发展，信息的传播速度越来越快，传播工具越来越多，传播的形式也越来越立体化，因此，招商必须采用新媒体作为主要的传播手段。

何谓新媒体？新媒体最直观的含义就是区别于传统媒体的新传播媒介。通俗来说，就是微信公众号、微博、头条、知乎等各类型的媒体平台，以及各种 App。其中，抖音、快手这些短视频平台是当下新媒体传播的重要渠道。

如果把我多年来的传播经验浓缩为一句话，就是：抢占朋友圈，决战小视频！

想要引起广泛的传播，必须打造出优质的内容。只有好的内容，才会吸引更多的人观看和传播，这样的推广才有价值和意义。

# 03 招商前的自我诊断（下）

## 方案落地

“纸上得来终觉浅，绝知此事要躬行”。企业在设计招商方案时，要本着务实、可行的态度。如果方案不能落地，就是一张废纸，只有能够实践的方案，才是好的方案。

在制定招商方案时，需要把握以下几个关键点：

**1. 明确目标**

在制定方案时，对目标描述得不清楚或者不准确，会导致方案的变更或调整，背离制定方案的目的。

因此，在制定方案时，要问自己两个问题：

(1)为什么要举办这个活动？

(2)通过举办这个活动，希望达到什么效果？

**2. 统一方向**

要使方案能够顺利地执行下去，需要跟参与的各方达成认知上的共识。应先统一方向，再统一想法，循序渐进，避免只是自我感觉良好。

同时，还要充分考虑参与各方的利益，并且尽量用数据、结果来支持观点，而不是纯粹地表达个人的主观感受。

每个角色都有实现自我价值的渴求，谁都想证明自己的价值，所以要统一思想，使大家的劲儿往一处使，避免互相扯皮，影响招商的效果。

**3. 项目进度和时间的管理**

项目进度和时间的管理是确保方案能够执行的重要一环。在规划的时候，需要对项目的整体进度和节奏有清晰的认知，了解每个环节的具体情况和所需的时间，并且还要制定遇到突发问题的应急预案。

**4. 项目的跟进和监督**

跟进和监督招商项目的落地是非常重要的事情，必须安排专人负责，确保参与招商的每个人知道自己要做什么、怎么做、做到怎样的效果，这样才能做到“人人头上有指标，人人肩上有责任”。

## 招商铁军

许多企业会遇到一个难题，就是确定了营销的战略，也部署了具体的做法，却总是推行不下去，或者执行的效果差强人意。其中，一个关键的原因，就是没有打造出一支具有超强战斗力的铁军团队来执行政策。

要想在市场中脱颖而出，企业必须要打造一支属于自己的招商铁军，才能有高效的执行力。

打造铁军是非常艰辛、非常有挑战性的工作，因为要把不同性格、不同背景的人统领到一起，并且要一起“打胜仗”，实属不易。

一般来说，一个招商新手成长为业绩优秀的招商高手，至少要花费3～5年。如果没有经过系统性的训练，可能成长的时间还要更久。

## 企业经营者的素质

企业经营者必须具备整体的思维架构，只有打破传统的产品思维，通过引爆思维模式和打造招商铁军，才能引领企业取得更好的发展。同时，企业经营者还要提升自身的能力。

我曾经作为特聘教授到新加坡讲课。当地有一家企业的董事长参加完我的课程后，聘请我成为他的招商顾问，为他的企业赋能，帮助他把企业做大、做强。

有一次，这个董事长跟我讲述了一件事，他在监控里看到一家门店的店长偷了企业的吉祥物。我当时建议他报警，可是他既没报警，也没对这个店长罚款，我颇为费解。

他叹了口气，跟我解释："店长她掌握着很多核心客户的资料，所以我不但不开除她，还把她的职位调高一个级别，从店长升级为公司的营销顾问，并且一次性支付一年的顾问费给她"。

"我还告诉她不用来上班，每个月只要给销售人员开一次会，做一些顾问性的工作就可以了。另外，当我得知她丈夫生病了，我还直接帮她支付了医药费，让她回家安心照顾丈夫，所以她很感激我。"

至此我明白了，他采用迂回的方式是因为不想把对方逼急，留出时间把重要的客户转移走，同时还架空了她，以防她做出对企业不利的事情。

这个案例很好地说明了企业经营者的首要任务就是找人、找钱。其中，找人又包括识人和用人，而找人、找钱的能力一定要大于生产产品的能力。

有很多民营企业家，一人身兼数职，既是董事长，又是总经理，既管财务，又管生产，整天忙得不可开交。这样是完全错位的，不仅混淆了董事长和总经理的概念与权责，甚至还会让自己陷入在琐事里面，焦头烂额，完全忘记了找人、找钱，保证企业拥有源源不断的现金流，才是董事长应该做的事。

企业缺少现金流，那是董事长不称职；企业没有利润，那是总经理不称职。总之，董事长和总经理所负责的工作并不一样，一定要把职责分开，切勿混淆。

# 引子：走进融商

**融人、融钱、快速回本，是招商的第一步。渠道负责“运球”，总部负责“进球”，代理商负责最基础的服务。**

**——王昕**

经营企业的过程是一个持续迭代、持续进步、持续发展的过程。

在刚开始经营企业时，第一步要做的就是选择好赛道；选好赛道后，下一步就是深度挖掘赛道的潜力；充分利用好风口；紧接着整合企业，建立企业的经营模式；当建立好盈利模式、商业模式后，招募代理商就应该被提上日程。

## 企业经营者要学会找人、找钱

企业的经营者主要是做两件事：找人、找钱！

找人就是要找两种人：能帮助你的人和能为你所用的人，也就是要寻找合适的创业团队、项目人才，以及能协助你解决困难，送你一程的人。

而找钱，就是要懂得招商、融商。

作为企业的经营者，招商融资能力非常重要，所以不能一味地钻研产品，因为只具备生产产品的能力是远远不够的。

企业的经营者要培养出融人、融钱的超强能力，不断创新招商方法，减轻经营压力，切忌故步自封。

比如，一家企业曾经就遇到了巨大的现金流危机，但是其经营者的招商融资能力特别强，在举办多轮招商会后，积攒了流量，吸引了众多投资人的资金，解决了现金流的危机，使这家企业重获新生。

## 融一切为"我"所用

在门店还未开业或者还没投入正式运营时就能回本，这是每个经营者、投资者都渴望达到的目标。

而恰当的融商方案可以帮助投资者达到这个目标。

融商主要就是打破产品思维、发展产品渠道，为下一步的招商奠定基础。

比如，南京有一家珠宝店，生意本来做得非常红火，在当地也拥有较高的知名度。但是后来由于交通基建的原因，珠宝店所在的商场人流量急剧减少，珠宝店支撑了一段时间后迫不得已关门。珠宝店的老板休息了一段时间后，决定改变原来的思路，重新出发。于是他找到我，希望我帮助他招商。

不过他坦言，现在并没有足够的现金流来维持很长的时间。因此，我从"融商"着手，帮助他设计了一套融商的方案，主要思路如下：

**第一，先了解清楚这家珠宝店的主要顾客及其诉求。**

这家珠宝店的主要客户是谁？

通过调查分析，我得出了结论：这家珠宝店的客户群体是一群追求时尚、追求美的年轻女士，她们有一定的消费能力，她们购买珠宝主要是用作出席各种活动、盛宴时搭配服饰，借此提高自己的气质和品位。

**第二，这些顾客主要是在哪些消费场所出现以及如何找到她们？**

根据调查的结果，这一群追求时尚、追求美，并且有一定消费能力的年轻女士除了去珠宝店购买珠宝之外，还会光顾消费档次相同的美容会所、衣饰门店等。

**第三，借船出海，即借别人的渠道为己所用，吸引首批加盟商。**

根据调查的结果，我给出的建议是，这个珠宝店的老板可以跟相同消费档次的会所进行深度合作，先以比较优惠的政策把这些会所的老板绑定成为利益共同体，甚至发展成首批加盟商，然后借这些会所去招募合伙人。

珠宝店的老板顺着这个思路操作，在门店还没有装修好的情况下，成功融资了300多万元。

回顾这个方案，最关键的一点就是如果自己没有渠道，要想办法借船出海，即借别人的渠道为己所用。

当然，在整个操作过程中还会有很多技巧和操作方法等，这里就不一一赘述了。

企业经营者需要明白的是，当下的投资者都很理性、很精明，其中一个原因就是目前的商业环境比较复杂，在决定成为代理商之前，他们都会经过慎重而周密的思考，从而做出更准确的判断。

所以，企业经营者在融商这个阶段，一定要想方设法增强投资者对企业的信任，这是融商的关键。

第四章 04

# 走进融商
# ——引爆思维

企业经营者主要做两件事：找人、找资金！并且要把“看得见”的利润分给代理商、渠道商，赚背后“看不见”的利润。

——王昕

# 01　招商需要什么思维

只有通过招商，才能真正解决产品的销售问题。

## 精准招商的思维

很多企业都是东打一枪、西打一枪地盲目招商，东拼西凑地建立起自己的渠道网络。但是，这种粗犷的招商方式在今天已经不再适用了，因为：

第一，现在市场的竞争非常激烈，竞争对手已经不会再给我们充足的时间去到处尝试、拼凑；

第二，现在的招商成本比以前高了很多，我们不能再耗费高昂的成本去不断"试错"。

所以，今天的市场环境要求我们必须要做到精准招商。

精准招商能够帮助企业快速实现商业转化，用 200 平方米的店面产生出 2 000 平方米的效果和业绩。

我国市场广阔，如何能够精准地找到代理商？

**首先，清晰描述顾客画像。**

企业一定要能够清晰地描述出顾客的画像，也就是企业必须要清楚且细致地描述出顾客的特性。

比如，使用这个产品的顾客主要是男性还是女性？年龄是在哪个阶段？学历是属于是大学以上还是以下？消费能力是处于高、中、低档的哪一个层次？月收入应该在什么水平……

当你越精准地描述出顾客的特性和画像，你就能够越精准地找到他们，这是招商前最基本的工作。

**其次，找准优势和购买理由。**

你必须清楚自己的优势在哪里，顾客前来购买你的产品和服务的主要原因。

比如，你是一个专业的摄影师，自己开了一家摄影店，会有哪些顾客会上门拍照呢？因为现在每个人的手机都有照相机的功能，可以随时随地为自己拍照。

可能是爱美的女士，会约上最好的闺蜜到专业的摄影店拍各种造型的美照；

可能是宝宝的爸爸妈妈，他们会请专业的摄影师为宝宝拍具有纪念价值的照片；

还可能是面临毕业的学生，他们会请摄影师为全班的同学和老师拍毕业照；

……

面对不同类型、不同需求的顾客，你定位的目标顾客是谁呢？这就要基于自己的优势，明白自己最擅长拍摄哪一类的人群，这样才能精准地找到你的顾客。

如今加盟成为代理商的人，他们的形态、年龄、思维、爱好、活动范围、经营能力都跟以往不一样。但是有一点是不变的，即，你要招商的这个群体必须对你的产品非常认可，这样他们才会有信心和底气向其他顾客推荐你的产品，这就是很多老顾客会成为渠道的主要裂变者的原因。

精准招商，表面上看是招商，本质上却是整个系统在各个环节上互相配合、互相支援的立体化效果的呈现。

2019 年 9 月，作为瑞幸咖啡第二个子品牌的小鹿茶在上线不到 2 个月的时间，开了 42 家门店，预交定金的商家数量超过 2 000 家。

为什么小鹿茶会受到投资者的青睐和追捧？这是因为它在自身优势的基础上，进一步对目标顾客和细分市场做出了清晰的定位，它以提供中国领先的高品质咖啡和专业化的咖啡服务作为招商的目标来筛选合作者，这就是定向筛选、精准招商的结果。

因此，精准招商既是理念，也是战略；既是过程，也是结果。

### 因时因地而变的思维

对有些企业来说，招商的作用很明显，但对更多企业来说，招商是挖掘和展现企业核心竞争力的最佳手段。

招商的过程绝对不是一成不变的，经营者应该根据企业的实际情况，把握好员工、产品等各方面的资源，同时还要根据企业目前所处的发展阶段，以及竞争对手的情况，定制与之相对应的招商方案。

我曾经为一家建材类的企业招商，它主要经营坐便器、花洒、阳台晾衣架、壁纸、瓷砖等。该企业面临的问题是销售渠道单一、招商工作进度缓慢、养商能力不足等。当整个建材市场受到影响的时候，这家企业的营业额也在不断地下降。

在建材行业里，普遍都存在着产品的复购率低、毛利率低，成本却很高的情况。比如，塑钢窗的毛利率只有 3%。如果按照招商的基本方案来看，这么低的毛利率是难以吸引代理商，更别说融资了。

当我分析了这家企业面临的困境之后，一方面邀请他们的工作人员，包括招商人员到商学院学习；另一方面，重新梳理了这家企业经营的产品特质和商业模式，并找到了解决问题的方案。

比如，坐便器，一般来说，买卖双方的交易频率是很低的，通常也就是一次性的交易行为。那么，我们能不能把一次性的交易转变为一辈子的长期交易呢？要实现这个想法，就要改变产品的销售模式，把销售单一的产品变为供应商联盟的平台，并且为这个平台赋能。

在我的建议下，这家企业成立了一个家装供应商联盟的平台。接下来，我对平台的招商工作进行了任务分解、布局分析等，并且为他们打造出一支招商的铁军团队，为他们梳理了招商的流程，使得他们的招商能力大幅提升。

在招商会的现场，我们联合了 48 家联盟商，并接受其他家装企业现场加盟，最后直接收到加盟款项 6 800 万元，为企业的转型升级提供了充足的资金。

所以，招商除了要注重理论基础、实践能力，还需要因时、因地做出改变，找出适合当下情况的招商方案。

在竞争激烈的市场环境下，各个行业的模式都在升级，案例都在更新，思维都在迭代，策略都在提升。因此，要不断地突破认知的边界和盲点，虚心学习，迭代自己的招商思维和观念，才能拥有超强的招商能力。

### 全员招商的思维

不仅是企业经营者，企业里的每一个人都必须具有招商思维，实现全员招商。

全员招商，对外可以帮助企业提高收入，稳定现金流，扩大销售的网络；对内可以凝聚人心，使大家有共同的目标，劲儿往一处使，团队的战斗力才会得到爆发。

比如，名创优品组建了一支超过 300 人的设计和买手团队，这就是他们打造的招商铁军。

### 细分目标人群的思维

在招商的同时，要对目标人群做出细分。要针对不同的人，解决不同的问题，而不是一概而论。如果没有对目标人群进行细分，不会有清晰的招商策略和清晰的行动计划。

如果一个方案能够解决所有顾客的问题，那么这个方案根本解决不了任何顾客的问题。应该根据不同的产品，制定不同的招商方案，这叫“定制招商”。

### 品牌个性化的思维

招商之前，企业经营者要对目标企业开展调研，为招商把脉，判定自己的企业是否适合开展招商。

比如，东方既白和肯德基，它们是快餐行业中的两个品牌，前者是做中式快餐，后者是做西式快餐。如果把两者的主营业务调转，让东方既白做西餐，肯德基做中餐，那么它们的品牌所对应的产品跟目标人群就完全不契合，会给顾客错觉，即品牌的个性模糊。

一家企业的品牌就像一个人，应该具有鲜明而独特的个性，才是这个品牌的核心价值。

### 构建招商系统的思维

失败的招商往往源自碎片化的行为，成功的招商多来自整个系统的支持。

旧的招商套路在如今已经行不通了。比如,利用招商的政策去刺激代理商,已经起不到作用了,如今的投资者不会再为之所动。

新的招商体系则为企业提供了一整套完善的招商系统,集融商、招商、养商,以及实战落地于一体,帮助企业经营者打开思路,开阔眼界,以开放的心态看待一切,只有这样才能撬动变化的市场。

所以,招商系统对招商能否取得成功十分重要,企业经营者应该具有构建招商系统的意识和思维。

以面包店为例,企业经营者通过创新的商业模式吸引更多的顾客,顾客的进店率自然就会上升。如果只靠通过出售面包来获利,那是十分困难的。真正想要获利,必须靠后端提供的支持,而后端提供的支持源于整个招商系统的协作。

### 寻求“外脑”协助的思维

企业经营者还需要得到“外脑”的帮助,即选择合适的招商指导的协助,务求一击即中,避免浪费宝贵的人力、物力等资源。

如果企业没有借助第三方提供的智慧和力量,往往会走弯路,无法壮大。企业的成长,并不在于经营者的个人能力,而是在于背后有多少智囊。只有把众人的力量集合到一起,才能把火越烧越旺。

招商指导对招商的成败有着举足轻重的作用:

第一,招商指导能够对招商的效果提供最大程度的保障;

第二,招商指导不仅能够帮助企业构建一套完善的招商系统,还可以帮助企业把这套系统进行复制,让企业具有自我造血的功能;

第三,在招商指导提供的平台上,企业能够打造出自身的招商铁军,减少对他人的依赖。

打造招商体系要依靠培养出来的招商铁军，以及对精准客户进行储备，还要借助外力，才能全面引爆招商。比如，企业经营者可以通过参加各种招商活动，如招商落地分享会、资源对接会、学习赋能会等，直接对接有用的资源，全力引爆招商。

可以说，招商指导的角色就好像企业里的“军师”，在企业面对不熟悉的环境、不知道下一步该怎么办的时候，招商指导往往会起关键性的作用。它能够根据自己扎实的专业功底和丰富的招商经验，为企业指出一条适合的出路。

有一个老客户，在招商指导的帮助下，从一家规模很小的卫生纸销售小厂，成长到现在规模较大的企业，产品链延伸到很多家居用品中。不仅如此，它还涉足民宿和酒店的业务，民宿、酒店形成持续盈利的局面。

## 企业经营者的能量思维

对普通的企业经营者来说，招商靠的是产品的价值；对中等规模企业的经营者来说，招商靠的是方案；而对大规模企业经营者来说，招商靠的就是能量！

企业经营者的终极对决就是能量的对决。能量来自体能，因此，企业经营者一定要提高自己的体能。

因为招商传递的是一种力量、一种希望，当我们赋予代理商力量和希望时，他们才愿意与我们合作。

如今，投资者选择项目，不仅仅是看产品，更重要的是看产品背后的人，也就是经营者拥有的力量和能量。因此，经营者把自己的能量显示出来十分重要，它在很大程度上影响着投资者的抉择。

投资者会从经营者阐述的商业模式、产品、平台、团队，以及未来

IPO的上市路径规划等各个方面，看经营者的思维是否清晰，遇到问题有没有解决的方案等，从而判断这个项目是否适合自己参与。

所以，与其用华丽的词句、喊口号式的热情，不如在阐述时表现出你的理性、多维度思维，以及强大的决心。

另外，招商的行为还必须要做到常态化、标准化、批量化。在线上线下多维度招商，全网全渠道招商。渠道负责“运球”，总部负责“进球”，代理商负责最基础的招商服务。

引爆思维的目的是把思维打开，重新迭代旧有的观念，进一步提升思维的高度，站得高，看得远。

## 02　企业发展的两大战略

招商的范围十分广泛，小至门店需要招商，大到大型商业活动也需要招商。比如，演唱会就是一个大型的招商项目。可以说，招商的思维在工作中随处可见。

“与招商无关的人不要见、与招商无关的事不要做、与招商无关的话不要讲”，这是我给企业经营者的建议。

这三句话看似很片面，但这是解决企业问题的“灵丹妙药”。因为只有把招商这件事情做透，才拥有市场的话语权，才有融资权，才有定价权，否则只能任由竞争对手摆布。

### 降维策略

想要成功招商，最佳的战略是降维打击。通过降维打击，能够掀起势能，吸引更多的代理商和合作伙伴加入。

而降维打击的核心就是渠道下沉，即改变招商渠道的结构，纵向延伸，细分目标市场。比如，拼多多就是采用了渠道下沉的方式，以农村为主打市场并获得了大众的认可，从而在激烈的电商竞争中分得一杯羹。

通过对招商的研究，我得出了一个结论：经济欠发达的地方，更容易招商。

这是因为在经济发达的城市，很多行业趋于饱和，必须要经过激烈的竞争才能生存，这对很多企业来说是一种考验。

反观在经济欠发达的城市，竞争没有那么激烈，对创新的要求也不算很高，商业模式相对来说也比较简单。这对很多企业而言，无异降低了经营的门槛。因此，企业下沉到经济欠发达的城市招商，就是一种“降维”的策略。

因此，如果企业想成长，可以把渠道下沉到三、四线的城市，或者更小的城市中。

在一线的城市里，只需要做好一家融商、招商的样板店就可以了，不用想着要在一、二线的城市里开多少家分店。

做好样板店之后，应该采用渠道下沉的策略，在三、四线的城市，甚至更小的城镇里沉淀下来，寻找忠实的客户，团结能团结的人。

当企业下沉的城市越多，企业拥有的群众基础就越扎实，“根”就扎得越牢固。

当有了资金之后，企业可以跟实力更强大的企业合作，得到想要的结果，这是我一直以来提倡的招商战略。因为只有团结了大部分的人，企业才能够影响更多的人。

娃哈哈集团之所以成功，就是因为其销售渠道延伸的范围广阔且扎实。时任娃哈哈集团总裁宗庆后并没有纠结于产品如何研发，而是把全部的精力、时间专注在市场上，让产品跟着市场的定位走。宗庆后的经营战略其实很简单，一言蔽之，就是渠道为王。他把招商作为手段，对成功招商的方法进行了提炼和总结，形成了独特的渠道思维，从而使娃哈哈的产品占满了超市的货架。

### 跟随战略

对营销性质的中小微企业而言，没必要花大量的人力和物力搞创新，而是应该借鉴其他企业的成功战略，沿着其他企业的成功路径发展就可以了。

比如，名创优品就是借鉴了无印良品的经营方式，从“尊重消费者”的角度出发，满足了人们渴望用最少的钱买到最好的东西心理，以“优质、创意、低价、环保”为产品的特色，获得了大量消费者的垂青，所以名创优品成功了。

先对标，可以少走弯路；先借鉴，才能实现弯道超车。

美团在刚创业的时候，就是简单地对标类似于大众点评这些企业，最终实现了从跟随到借鉴，再到超越的过程；小米手机也是如此，在刚推出市场的时候，在产品设计上对标苹果手机，最终凭借着极高的性价比在手机领域中占一席之位。

由此可见，“跟随战略”是中小微企业获得成长和成功的有效策略。

## 03 避开招商的禁忌

招商有六大禁忌，在这里暂时只介绍通用的四大禁忌。企业经营者在招商的过程中，对这些禁忌需要特别留意，并且尽量避开。

### 第一大禁忌：招商之前不做调研

事前进行充分的调研是招商工作中十分重要的一环。

以某方便面为例，它的创始人是两兄弟，而这家企业最早销售的产品并不是方便面，而是香油。但是在那个年代，不要说香油，人们连豆油都吃不上，所以当康师傅的香油上市时，并没有得到消费者的青睐，两兄弟的第一次创业以失败告终。

后来，他们坐火车到另一个地方出差，当他们把从家乡带过来的方便面拿出来充饥，在热水的冲泡下，方便面飘散出特有的香味时，立刻吸引了很多乘客的注意。两兄弟突然发现，售卖方便面也许是一个让他们的企业起死回生的好机会。

回到家乡后，他们找了一家调研公司，让调研公司帮他们做两件事情：

第一件事就是对市场进行调研，为什么做香油生意会赔钱；

第二件事情就是调研在市场做方便面，能否盈利。

调研结果表明：

第一，做香油生意赔钱的原因，是当时人们的购买能力比较弱，消费不起，所以售卖香油不符合当时的市场环境；

第二，做方便面的生意能够盈利，这是因为改革开放之后，人们的生活条件变好了，旅游、探亲逐渐成为人们生活中的一部分，而方便面是旅途中的刚需食品，市场潜力会很大。

这份调研报告的结论就是建议这两兄弟转型做方便面的生意。

现在看来，正是因为这份调研报告分析得精准、全面，所以才让这两兄弟下定决心转型，进而取得了成功。

招商是收钱的事情，也是融资的一种手段。要达到这个目的，就必须要对产品、客户、市场、渠道等方面做出精准的分析，从而找到正确的方向。

企业可以不做广告宣传，也可以不建工厂，甚至不开直营店，但是不能不做调研。可以说，没有经过调研的招商，成功率会很低。

### 第二大禁忌：招商前不做内测

何谓“内测”？这个词本来是在开发电脑软件或者电子游戏过程中的专用术语，意思是指把软件和游戏推出市场前，先在内部做小范围的测试，让少量的参与者在开发完成的初期进行试用，并把试用的结果反馈给企业，帮助改善当中存在的一些不可预知的问题，促进产品进一步完善。

如果把这个方法套用到招商上，就是指没有经过内测的招商，即使取得了成功，也是偶然的。只有经过了内测的招商，才更容易成功。因此，企业的经营者在开招商会之前，要先进行内测。

招商之前先起势能，也要先做内测。做内测的目的就是及时发现问题、解决问题，优化招商的环境，这样企业才能较容易地完成回本的目标。

没有内测的心态，无异于赌徒的心态。如果所有的希望都寄托在一场招商会，当所有人的注意力都聚焦在这件事上，一旦出现一点瑕疵，甚至一点意外，那么人心就很容易涣散，同时还会产生消极的情绪，这对招商来说是十分危险的。

我曾经与一家生产牛初乳饮品的企业合作，该企业的董事长说，由于以前生产的饮品在市场的定价太低了，现在想通过重新设计包装来提升产品的定价。

这本来是一个很好的想法，但是当我看到实物之后，发现新设计的包装体积过大，导致运费成本过高，甚至比产品本身的成本还要高，显然这是董事长没有预估到的。

因此，无论是研发产品，还是举办招商会，事前一定要做内测。

如果是举办招商会，那么在举办前，应该先举办一场小沙龙作为内测。规模不用很大，涉及的范围也不用很广，但是必须涵盖线上、线下，同时还要有具体的实施环节，把每一个环节流程化，每一个流程细致化，每一个步骤清晰化。

### 第三大禁忌：招商后不做总结

招商方案要根据不同的人群、不同的环境、不同的需求做出改变，而不是一成不变。因此，招商方案必须要随着市场的变化而变化、不断进行优化和迭代。

成为代理商的人群里面，可能会有个人、小微企业，也可能会有规模较大的企业。因此，你必须要准备多套的招商方案，以满足不同类别的人群需要。

在面对小企业时，你有吸引小企业加入的策略；在面对大企业时，你也有吸引大企业加入的方式。无论面对什么样的企业，你都要制定好让他们加入的门槛儿。

招商活动结束后，要及时做总结，哪怕只是举办一些规模较小的招商活动，都要认真总结，找出当中可以完善的地方，快速调整招商方案，这样才能更加了解目标人群的需求，为下一个招商活动做好准备。

一般而言，及时做出总结有以下的重要作用：

(1)加深招商团队对自身优势的认识，增强自信心及归属感，这对招商效果和人员稳定有着至关重要的作用。

(2)通过总结，找出在活动过程中有哪些不足，哪些方面需要改正，然后加以改善，进一步提升招商能力，同时也使招商行为更加规范化、可复制化。

(3)通过总结，互相交流彼此掌握的信息，既有利于解决因为信息不流通而造成的隐患，又能统一大家的思维，保持一致的步调。

因此，总结并不仅仅是把过去的工作进行简单的罗列，而是通过回顾过去，寻找差距，找到更好的发展途径和解决方法。

### 第四大禁忌：经营者没有裂变意识

很多企业经营者只想着如何“收钱”，却没想着如何让“收钱”变得更加持久。换言之，没有想着如何去裂变，这是很多企业经营者的“死穴”，也是非常短视的行为。

这就好像一个人只看着眼前的这碗饭，而没有考虑第二碗饭在哪里，应该怎么去获得。事实上，在吃第一碗饭的时候，就应该想着如何去获得第二碗饭。

因此，企业在制定招商方案时，切记不要把所有的行为，更不要把制定的方案都围绕着“当下收钱”这个目的来进行，企业更应该想的是如何通过制定招商方案来连接目标人群。只有这样，“收钱”的行为才能更长久。

企业可以制定一套专门用来连接人群的方案，比如，会员方案。

假如某条街上开了一家面包店 A，而在对面也有一家面包店 B，B 面包店卖得最好的产品就是手撕面包，售价是每个 19.8 元。如果 A 面包店为了提高自己的销量，采用价格战，把手撕面包的售价调整为每个 9.8 元，那么这种恶性竞争带来的结果，会让 A 面包店获得更大的利益吗？不会。因为这样做，只会使 A 面包店在短时间内提高销量和营业额，但是从长远来看，会给两家面包店带来很大的损失。

在现实生活中，这种情况比比皆是，伤敌一千、自损八百的情况经常发生。所以，对企业来说，应该考虑的并不是如何去恶意竞争，而是如何去吸引顾客。

既然价格战这条路走不通，能不能考虑另外一种营销方式？比如，设计一种方案去连接人群，也就是推出一款价值 365 元的会员卡，让购买会员卡的顾客可以免费获得一年的面包，平均每天只需花费 1 元钱就能得到一个面包。当然，为了避免损失，经营者也可以在获得面包的数量上作出限定。

另外，企业还可以在每月挑选一个固定的日子作为会员日，会员在当天可以免费领取一个手撕面包。

或者，可以每周向会员推出“1元”的特价面包：周一是手撕面包，周二是芝士面包，周三是菠萝面包，周四是香肠面包……在不同的时间，用不同的特价面包作为引流和连接顾客的工具。

企业还可以用会员的姓氏来作为连接的工具。比如，今天姓李的顾客来购买面包时，可以额外获赠一个面包；明天姓张的顾客可以享受这个优惠政策；后天轮到姓刘的顾客享受这个优惠政策……

企业还可以制定：今天是射手座的顾客可以获赠一个面包，明天是金牛座的顾客享此这个优惠政策，后天轮到天蝎座的顾客享受这个优惠政策……

总之，连接人群的方式有很多种，引流的手段也层出不穷，就看经营者怎么做，只要与众不同就行！

这些方案并不是用来获利，而是用来积攒人气的。当人气有了，财气自然就会来。

泡面食堂的失败是因为他们缺乏连接顾客的意识，没有嫁接线上新零售的模式，使得产品盈利的方式单一，加上产品的竞争力本身也比较弱，这些硬伤使得顾客的复购率不高，直接导致了经营的失败。

这也说明了企业如果没有连接顾客的意识，只顾着眼前的“一亩三分地”，眼光就会变得狭隘，长此下去，终究会倒闭。

另外，很多人在招商时，认为代理商是在审核企业。其实恰恰相反，是企业在审核代理商。代理商作为企业的合作伙伴，能否获利取决于自身的思想觉悟：

第一，代理商有没有听从总部的统一安排；

第二，代理商有没有参加赋能会和招商会；

第三，代理商有没有培养自身的裂变和回本意识。

因此，招商并不是代理商在审核企业，而是企业在审核代理商。企业一定要化被动为主动，主动地去筛选和吸引代理商的加盟。

在招商时，既要走好眼前的每一步，也要抬头看看未来的路在哪里，所走的方向是否正确，这样才能吸引更多的投资者。

# 04　三网合一促进招商：天网

时代在发展，年轻人逐渐成为投资的主力军，必须要了解年轻人的思维方式，年轻人已经偏向于传播速度更快、形式多变的新媒体。而许多传统企业经营者往往跟不上形势，不懂得利用新兴的平台做推广。

## 天网发展的方向

“天网”的作用不仅是把产品放到平台上卖，更重要的是进行线上招商，以及宣传推广招商。

在新媒体时代，线上招商尤为重要。线上招商包括利用抖音、快手等视频平台，以及微商的模式进行招商。

微商也是商，抢占朋友圈、决战小视频是微商线上招商的重要内容。其中，决战小视频指的就是通过短视频的形式介绍项目，吸引有兴趣的投资者。

视频的时长一定要短。视频跟企业的宣传片不一样，企业宣传片包含的范围较广，从企业的成立到发展的规模，再到产品的介绍等方面都要涵盖。这也使得宣传片往往因为时间过长，内容繁杂，对观看者的吸引力并不大。

现在的生活节奏越来越快，因此碎片化的内容传播广受大众欢迎。因此，为了适应这个趋势，短视频的播放时间不宜过长，一般在 15 秒至 1 分钟。

可能你会说，这么短的时间能讲清楚吗？现在的信息量太大了，每分钟会产生大量信息。如果有人愿意花 1 分钟的时间来观看你的视频，就说明你的制作很成功。

微信朋友圈是发布招商信息的一个重要平台，可以突出自己，吸引顾客，抢占市场。

许多企业经营者对发朋友圈还保持着传统的思维，认为在朋友圈里面发宣传信息会惹人讨厌，其实并非这样。在朋友圈里发送招商信息，目的就是进行铺垫和引导，促成线下更多的交易，因为在每个人的微信里，都有很多与企业紧密相关的客户。

小米科技的创始人雷军就经常发朋友圈，这对小米在线上招商起到了非常重要的作用。曾经有一个微商这么说："我宁愿你把我拉黑，我也要让你知道我在卖什么。"

在朋友圈里发布招商信息时，只要每天发送的信息包括以下八个内容，那么招商的成功率就会提高很多。

这八个主要的内容分别是：获利、生活、产品、培训、客流量、代理商出货量、表扬代理和产品相关的其他方面。

**1. 获利**

发布代理商代理了这个产品后，获了多少利；或者某个人通过代理这个产品，获得了多少利润。最好是说到具体的点上，比如，买了多少套房、买了什么牌子的车，付款方式还是一次性的……

之所以要发布这些内容，目的就是营造势能，通过视频和照片向外界传递一个信息:只要你代理这个产品,成为代理商,你也可以会赚到巨额的财富。

这不是炫富,而是通过结果快速吸引目标客户。

这些宣传信息不追求档次有多高、看起来有多美,而是要接地气、务实,这样效果会更好。

**2. 生活**

通过分享高品质的美好生活方式,来达到吸引目标人群的目的。这是发布招商信息的重要内容之一。

通过这些内容,告诉大家,只要你成为代理商,也会获得更美好、更有品质的生活方式。

如果前面说的"获利"是从物质方面去引导目标人群,那么这里说的"生活"就是从精神层面去激发目标群体。

**3. 产品**

很多时候,影响人们成为某个产品代理商的主要原因,就是他们对这个产品不了解,不知道对别人能不能产生价值。发送产品的信息,就是让外界更加了解这个产品。

有一句话是"越了解,越信任",当你越了解某个产品,越会对这个产品产生信任感。如果再配上精美的图片或者视频,会大大增加视觉的冲击力,给受众带来更强的说服力。

因为感觉本身就是一种势能,所以我一直强调,代理商是被吸引而来的,并不是被逼过来的。

**4. 培训**

通过分享培训的图片和视频,告诉大家,企业工作人员是经过专业培训的人员,同时企业是一个追求成长、追求正能量的规范平台。这既为个人背书,又为企业的实力背书。

另外，从侧面告诉代理商，专业培训会为他们赋能，进一步增强他们对企业的信心。

**5. 客流量**

与客流量有关的信息就是每天有多少新客户来咨询产品，或者每天会增加多少个代理商等。目的就是通过“羊群效应”来传递一个信息：成为代理商的伙伴越来越多，你还要等待吗？

传播这些内容，可以采用跟客户沟通时的截图，也可以拍下一段相关的视频，甚至可以是伙伴深夜加班的信息，以证明我们的生意确实很火。

**6. 代理商的出货量**

展示代理商的出货量与展示“客流量”的原理是一样的，通过图片、视频告诉大家，企业的生意做得很好，你也成为企业的合作伙伴。

传播的内容可以是：对比昨天，企业今天又新增加了多少出货量；企业每天是怎样快速而准确地处理大量订单……

因为每张订单的背后，就意味着收入。分享代理商的出货量，其实就是从侧面告诉大家，成为该企业的代理商是最好的获利途径。

**7. 表扬代理商**

表扬代理商是营销型、招商型企业常用的方式：

第一，通过表扬来激发代理商的士气，使其获得荣誉感、被尊重感，当他们的内心受到鼓舞时，就会再接再厉；

第二，吸引旁观者，用业绩和奖励激发他们加入的欲望，刺激他人加入的心理；

第三，把企业的形象传播出去，营造企业，特别重视每个代理商的印象。

“被尊重”是每个人内心的需求，要重视代理商们的这种心理，创造适合的机会来彰显代理商的价值。

**8. 与产品相关的其他方面**

当一个人对某个产品越了解，越会对这个产品产生信任感。不仅产品如此，人也是如此，当一个人越了解某一个人或一家企业，越会信任这个人或企业。因此，企业经营者应该围绕着产品、人员、企业三者进行介绍。

比如，可以在朋友圈里告诉大家，今年企业获得了什么荣誉；成了某个大品牌的合作商；后勤人员的工作态度是多么的认真；企业的供应链是多么的完善……

总之，要想尽一切办法，展示出企业美好的一面，吸引更多的投资者加入。

在新媒体时代，应该随着时代的发展来转换营销方式，而不是抱怨大环境如何不好、客户如何挑剔。

现在的年轻人更热衷于互动性较强的平台，比如，朋友圈、抖音、快手、小红书等，因为这些平台能够为他们带来更大的价值，所以黏性很强。传统的企业必须把宣传的方向转移到线上，学会利用这些平台进行宣传，才能适应时代的发展。

### 利用朋友圈宣传推广

在朋友圈上发布宣传信息，目的是引流，拓宽招商的范围，让更多的人关注到招商项目，这叫借势能。

企业应该设立一个专门的微信群，所有的代理商都必须进入这个群里。当企业的宣传部门制作好每天的宣传素材和推广信息后，把这些内容发到这个微信群里，由成员自行复制、粘贴或者转发至自己的朋友圈里。

这样做的原因如下：

(1)解决了代理商在朋友圈发信息的问题，因为营销人员的主要精力和时间应该放在跟客户的沟通上，而不是花在整理宣传信息上，这样就能够节省营销人员大量的时间和精力；

(2)由专业的团队来制作宣传素材，比业余的营销人员制作得更专业、更高效；

(3)向外界输出统一的宣传口径，有利于企业的整体形象，避免因为不同的理解造成传播上的分歧；

(4)有利于企业根据当下的工作重点，对某方面的工作进行集中宣传；

(5)企业的宣传部门整理素材时，把这些资料保存下来，既便于新代理商使用，又能够把企业的文化沉淀下来，成为企业日后的宝贵资产。

另外，企业应该委派专人检查群内的成员有没有发朋友圈，宣传的作用太重要了，必须要树立全员宣传、全员招商的意识。

### 利用短视频宣传推广

短视频是企业宣传的一个核心手段，未来的各行各业可能会越来越娱乐化。抖音之所以发展这么快，就是抓住了娱乐招商的核心。因此，在招商的过程中给别人带来快乐是非常重要的。

抖音短视频是企业宣传的一大阵地，也是移动互联网的风口。之前的风口分别是 2008 年的淘宝、2011 年的微博、2012 年的微信，现在就是抖音。

比起其他平台，利用抖音招商引流更加精准。作为一个亿级的 App，它的市场巨大，平均每日的活跃用户高达 6 亿。这 6 亿人在哪里，营销的热点就在哪里。

但是需要注意的是，短视频平台是靠内容来引流，而不是靠花钱买广告推流，所以利用短视频引流的核心，就是依靠丰富而吸引人的内容进行传播。

刚开始时，我也找过一些代运营公司来帮助企业进行宣传。然而这些代运营公司，只会站在艺术的角度去制作视频，并没有戳中用户的痛点，更不懂脚本的编写和导演，最终还得依靠我对其输出专业的招商知识。

因此，我得出一个结论：最懂行业痛点、最懂客户痛点的，并不是那些广告视频拍摄公司，而是企业经营者自己。只有自己输出核心的干货，才能够抓住客户的痛点、痒点，才能够引起客户共鸣。

所以在制作短视频时，不应该盲目照搬、复制，否则无法真正构建属于企业自身的新媒体运营系统，更无法突出企业的品牌个性。

那么，如何通过抖音号来引流呢？

第一，要打造个人的抖音 IP，这是拥有粉丝的第一步。

第二，抖音的 ID 名十分重要，一个独特的 ID 名才会让人过目不忘。

第三，要为抖音号提供有价值的内容，为目标人群输出价值。

第四，一定要通过互动来展示自己，因为要创业，必须要社交。

此外，企业还要善于借势，找到适合的人为背书。比如，我可以邀请用户、代理商、加盟商、员工，或者一些权威人士来为我背书。

利用抖音招商的目的就是引流，它跟投放广告、派发宣传单是相似的，只是所使用的工具不同而已。企业一定要把抖音上的目标客户引流到微信上，为此，需要建立多个微信号，构成矩阵，每天坚持发朋友圈，坚持打造个人 IP。

## 利用直播宣传推广

视频平台不仅可以用短视频来宣传招商，还可以用直播来宣传招商。

如果做直播，那么直播前的预热至关重要，可以通过朋友圈、微信群、公众号、微博、小红书、短信等平台发送各种邀约，进行预热。

在直播的前三天就需要预热，预热的力度和范围要遵循由小到大、由窄到广的逻辑，没有预热决不要直播。企业需要通过代理商、业务员、合作伙伴等所有渠道在朋友圈里进行轮番"轰炸"，点对点推送邀约，这样才能达到预热效果。

预热时，最好制作代言人的视频来传播。比如，可以请代理商、客户、供应商等人代言，这是直播前的预热动作。

在直播过程中，沟通技巧也是十分重要的。不少直播大 V 的沟通技巧就值得学习。在直播中，他们的关注点并不在于产品的成分，而是注重产品使用的场景，这是与目标人群沟通的正确方向，企业应该在这些方面多下功夫。

当直播接近结束时，应该感谢粉丝，感谢品牌方、厂家、工作人员，并预告下一次的直播时间，以及做一个总结的视频。

直播后的宣传往往会被大部分人忽略，失去了重要的宣传机会。

据统计数据表明，直播一周后的引流势能将随时间而逐渐下降。因此，为了维持招商的势能，还需要进行至少一周的强势宣传，做到有始有终，才能使直播发挥最大的作用。

## 宣传的最终目的是转化

无论是利用抖音、快手，还是小红书来宣传，目的都是把有意向的投资者导入微信里，成为好友，以便促成成交和裂变，这叫数据的在线化。因为只有先建立流量池，才会带来后期的转化。

发朋友圈就是利用私域流量，使招商行为产生快速转化的方式之一。

但是，必须要记住：涨粉、加好友都不是目的，只是一种手段，最终还是要做到后续的转化、促成交易。

天网的平台有很多，企业经营者应该如何进行布局呢？

以我为例，我目前在网络平台上有四十多个账号，包括抖音、快手、小红书、喜马拉雅、荔枝微课、今日头条、知乎等平台在内，这些都是我引流的重要平台。

另外，我也策划了一个线上招商的平台，在这个平台上把很多好项目推送给不同的投资者，为企业解决了持续招商的问题。

# 05 三网合一促进招商：人网

众所周知，招商需要整合资源，整合资源需要构建人网，而构建人网有以下三大要点。

## 为他人赋能

赋能，是互联网企业家经常挂在嘴边的一个名词。关于赋能的内容，在前面的篇章里已经做过阐述，但是由于赋能对招商工作来说非常重要，所以在这里还要对赋能做更深入的分析。

关于赋能的定义，通俗来说，就是你自己做不到，但是得到他人的帮助后，你就能做到。

除了赋能之外，企业家还常常提到一个词“异业联盟”，异业联盟的核心其实就是为联盟的各方赋能。

赋能既能帮助对方发展得更好，同时也让自身获得成功，这是一种新型的招商思维，我称之为“利他赋能”。

只让别人做自己的代理，这叫利己，利己的行为始终是不能长久的。如果你能够赋能给别人，就是利他，利他的行为会使双方的合作更有黏性，更长久。

赋能的核心就是通过言行、态度、工具、环境的改变赋予他人新的能力。

例如，如家酒店就是通过收购许多规模较小的酒店，利用如家这个品牌给这些小酒店赋能，让这些小酒店接受统一的酒店管理体系，最后取得了成功。

赋能谁，就能整合谁，要赋能上游，收购、兼并中游，帮扶下游，这样才能拿下整个产业链。

向合作者赋能是企业经营者最核心的思维。

赋能的行为通常体现在以下几个方面：

**1. 为团队赋能**

为团队赋能包括为团队的领导者和管理者赋能，在帮助团队挖掘所有成员的能量之余，还用专业的知识帮团队走向规范化、流程化，增强团队的能量。

**2. 培养企业和品牌的势能**

大多数的客户对企业和品牌的认知有一定的倾向性，形成心理上的定势。比如，当你想吃火锅时，你可能就会直接想到去海底捞吃，而对于其他的品牌并没什么印象，这就是企业和品牌具有的势能。当企业一旦有了势能，会直接或间接地转化为营销收入。

**3. 聚能**

聚能，即聚集各方面的高手、能手，把企业打造成高水准的平台，使企业无论在生产、管理，还是营销、服务方面都具有较高的水平，优于竞争对手，这就是聚能。

例如，华为之所以具有较高的专业水平，是因为吸引了很多专业的IT人才，能生产出极为高端的科技产品，才能使企业走出中国、走向世界。

**4. 借能**

每家企业都不是十全十美的，在发展过程中都会遇到瓶颈。如果单凭团队本身的力量和知识，未必能够解决这些问题，这时就要学会借势、借能。借能就是请第三方的专业团队来辅导和给予帮助，使企业迈进一个新的阶段。

与人才合作、与企业合作、与资本合作、上市融资，这些都是借能、借势的表现。

**5. 容能**

企业的经营者要有足够的气量，以海纳百川的胸怀，承载一切的事物，企业才能越做越大。

企业的容量越大，赋能的空间也会变得越大。如果企业的格局过小，经营者只会盯着眼前的一亩三分地，那么赋能的程度是有限的。

**6. 维能**

一个人的能量会有高潮和低潮之时，企业也是如此，当企业的能量处于高水平时，发展会相当顺利；但是当企业的能量处于低潮时，就会遇到诸多问题，甚至陷入困境。

因此，对企业的赋能不仅是要为企业带来帮助和提升，更要避免其能量减弱，导致发展受限。

**7. 引能**

经营团队的本质就是经营团队的注意力，只有当企业内所有人的注意力都聚焦到一个目标时，企业才能上下一心，快速实现目标。

如果企业内部派系林立，合伙人争权夺利，会使团队的能量流失，对企业的发展不利。因此，要引导团队的能量发挥，就要避免出现内耗。

赋能是没有边界的，不要局限于本行业内。当经营者扩大赋能的范围，会使企业的招商拥有更大的市场空间。跨界招商更容易产生势能，从而大大提高招商的成功率。

商业的本质就是价值的交换，而招商就是企业与代理商互相交换价值的一种体现。

大多数的代理商起初只作为企业的顾客购买产品，当顾客获得良好的体验，并相信该产品能够帮助其他人后，会转而由用户成为企业的代理商，产生裂变营销，使企业和代理商都获益。

通过赋能，企业可以跟任何人、任何企业产生商业上的关联。

### 跳出产品思维

许多企业经营者成于专注，但败于单一。因此，企业经营者不应过分专注于产品本身，而是要把自己从钻研产品的领域中解放出来，转移到提升自己的情商和社交能力上。

对企业经营者来说，情商要大于专业能力，要具有较强的圈层整合能力。“天下产品为我所用，天下人为我所用”，当企业的经营者能够站在更高的维度去对接企业所需要的各种资源时，才能推动企业向前发展。

因此，我认为，对接资源、整合资源、利用资源、撬动招商的渠道，才是企业经营者最应该做的事情。

真正成功的企业经营者都懂得整合资源，利用用户的数据去拓展其他行业。

以连锁仓储式超市好事多为例，它通过超低的产品定价以及较低的利润空间，吸引了大量的顾客前来购买。而它采用的是收费会员制度，人们只要成为其会员，就能携带亲友到这里消费。

好事多就是一家把付费会员数据用到极致的企业，利用这些会员数据，把业务延伸到了红酒、汽车、医院等多个行业。

盒马鲜生之所以广受欢迎，是因为它没有走传统大卖场一样的路线，而是运用会员制、新媒体宣传、30分钟到家等各种手段，建立起与顾客的连接。如果没有这种连接，没有流量零售的理念，盒马鲜生是不会发展成今天的规模的。

在市场竞争如此激烈的今天，"以客户为中心"不能只作为服务的口号，而是切切实实地成为企业的重要经营战略和重要行动路线。企业经营者必须认识到满足客户个性化需求的重要性，倾听客户的呼声，对客户不断变化的期望迅速做出反应，这是企业在未来能否成功的关键。

企业经营者的营销理念必须尽快从以商品为中心转向到以客户为中心，重构商业模式、组织架构、流程设置等，为客户带来便利。

以客户为中心指的是以客户的生活场景为中心，打造精准的场景定位、场景设计、场景营销体系，挖掘更多的消费需求，拓展更广阔的营销空间。

以客户为中心的基本核心就是先找到"客户的需求"。必须弄清楚客户到底对企业有什么期望，站在他们的立场去思考问题、发现问题，并在此基础上开发出更适合客户的产品和服务。

海尔的创始人张瑞敏曾经说过：家电企业还有没有出路？肯定是没有出路了，因此海尔只能从卖产品转向打造顾客的终身价值。

张瑞敏的这番话，就是对"跳出产品思维"的最好阐释。他告诉我们，以客户为中心，利用社群营销重塑企业的商业模式是企业转型升级的方向。

社群正成为影响客户购买的主要因素，社群经济将是打造客户终身价值的主要手段，因此，企业要尽快建立社群营销的理念。

### 通过低利润的产品黏住用户

当别人都在追求产品的利润最大化时，可以反其道而行之，追求产品利润最小化。

何谓利润最小化？并不是说企业不需要利润，企业必须有一定的利润才能生存下去，而利润最小化的意思是指利润的合理化，既不谋求暴利，也不能无利可图。

在前面已经解释过，产品只是连接客户的一种工具，如果单纯靠售卖产品，企业永远做不大。我们要做的应该是经营客户的生活方式，通过提供各种产品来满足他们各方面的需求，打造一个商业生态圈，才能使企业越做越大，越走越远。

那么，如何通过产品连接客户？

举个例子，小米采用了“软件＋硬件＋互联网服务”的商业模式，从硬件到软件，再到系统层面，都在一个大的生态系统中构建一个由小米手机、MIUI、小米盒子、商城、云服务和开发者组成的生态圈。

小米的创始人雷军认为，小米与苹果的不同之处在于，小米并非围绕硬件来构建盈利布局，而是由硬件延伸向软件、服务来盈利。小米不追求硬件的利润，而是先采用“Free＋Premium”（即提供近乎免费的优质产品）的模式，先通过硬件圈住大量用户，再通过提供收费软件、增值服务、配件等方式来转化获利。这就是小米持续性地经营会员生活方式的商业模式。

近年发展速度很快的名创优品也采用这一模式，用单品发力、精品发力、爆品发力的策略，针对收费会员做到产品利润最小化，吸引了大量的客流，使它从经营产品转向到经营客户群体的需求，为企业带来持续性的盈利,这就是构建人网的最佳手段。

企业应该深度挖掘客户的持续性需求,把为客户创造价值作为经营企业的前提。

只要客户对企业产生信任,对企业的产品产生黏性,企业就能通过低利润的产品,获得高性价比的流量,为企业进一步开发后端的盈利产品,以及跨界发展打下基础。

当企业拥有了客户,意味着拥有了在市场中继续生存的理由,而拥有并想办法留存客户,是企业获得可持续发展的动力源泉。

传统的经营模式是以产品为竞争基础,企业关心的是内部的运作效率及如何提高产品的质量,以借此提高企业的竞争力。随着全球经济一体化和市场竞争的加剧,产品同质化的趋势越来越明显,产品的价格和质量不再是企业获利的主要手段。

许多互联网企业都在跨界并整合传统行业,而处于传统行业中的企业也积极向互联网平台靠拢。毫不夸张地说,构建线上线下一体化的平台,并在条件成熟时发展成商业生态圈,已经成为各家企业的发展目标。

随着互联网企业不断地跨界"打劫",市场将形成大大小小的商业生态系统。而平台思维的最高境界就是超越竞争,打造多方共赢的生态圈。在未来,市场的竞争不只是企业之间的较量,更是平台之间的较量,甚至是商业生态圈之间的较量。

# 06　三网合一促进招商：地网

何谓地网？就是把企业的发展战略、招商计划、营销计划等各方面的规划落到门店的具体执行上，构建出庞大的实体店网络。企业依托这些地理上的优势，扎根于社区，绑定大量用户，通过满足用户多方面的需求，在提升企业的盈利能力之余，大大增强企业抗风险的能力。简而言之，构建地网的作用就是帮助企业扎根社区，绑定更多的顾客，使企业更“接地气”，赢得群众的支持。

## 新零售赋能实体店

说到地网，就不得不提新零售。

何谓新零售？就是企业以互联网为依托，通过运用大数据、人工智能等先进的技术手段，对商品的生产、流通与销售过程进行升级和改造，重塑业态结构与生态圈，并对接线上服务、线下体验，以及现代物流，进行深度融合的零售新模式。

相比传统零售，新零售更具立体性、精准性、自动化。如果说传统的零售是打造二维的世界，那么新零售就是在打造立体的三维世界。

## 构建社区实体店的价值

或许你会说，以目前的情况来看，很多实体店都陷入了举步维艰、难以为继的困境，构建社区实体店的网络还有价值吗？

建立社区的实体店不仅有价值，而且有很大的价值。

目前，很多实体店之所以面临困境，主要的原因是这些实体店单打独斗，背后没有得到整个系统和平台的强大赋能。这好像把很多艘小船放在大海，在风和日丽的时候，这些小船不会遇到很大问题，一旦遭遇大风大浪，这些小船就会被风浪打翻，甚至被淹没，即使勉强生存下来，也会支离破碎、大伤元气。

因此，要使这些小船变得更强大，抗风险的能力得到大幅度提升，就要想办法把他们打造成“联合舰队”，把他们聚合在一起成为大海上的移动陆地。

构建地网背后必须有强大的平台和系统为前端实体门店提供支撑和支援，这是实体门店得以立足市场的关键。

一直以来，实体门店都承担着服务、体验和成交的功能。然而随着“互联网＋”的发展，新零售正在改变实体店以往的价值，并且让实体店变得越来越有价值。

实体店不仅具有销售的功能，更具有引流的核心功能，它是企业一个重要的客流量入口和消费入口。实体店的本质就是顾客在哪里，店就在哪里。

实体店是企业构建地网的一部分，构建地网的根本就是把大量的顾客，包括潜在顾客拢在手中。

未来，不会设计引流入口的实体店经营者，终会在新的商业浪潮中变成“前浪”。

在企业的强大支持和新零售的引领下，实体门店除了具有以往的销售功能之外，还需要具有以下新价值。

图 4-1　实体门店的新价值

(1)连接器。新零售是基于客流量的零售，是以顾客为中心的零售。因此，在新零售的环境下，连接顾客是零售经营的第一要素。如果零售店起不到连接顾客的作用，会沦为一个仓库，而不是零售店。因此，实体店应具备连接顾客的价值。

(2)前置仓。新零售下，实体门店必须具备全渠道的能力，因为现在的顾客已经对“到家”“到店”等方面有着更高的需求，这就要求门店满足这些需求。

(3)社交中心。从引流、打造顾客的终身价值等方面来看，运用社交营销是最有效的手段。实体门店本身就具备这种先天的条件，因此，一定要把门店打造成为社交中心。

实体门店可以拿出专门的空间、人员、模式来做社交营销。这种调整一定要主动地做，不能被动地做，更不能盲目地做。要建立起引流、高黏性、高顾客价值的完整的经营体系。没有完整的体系，不会得到理想的结果。

招商也是如此，一定要打造出立体的、完整的招商体系，才能为企业源源不断地“造血”。

在天、地、人三网合一的招商思维中：天网打造的是以互联网为主、其他宣传手段为辅的招商平台；人网打造的是顾客、渠道和代理持续成长、裂变的系统；地网则是打造扎根社群、绑定顾客的网络。这三者相辅相成，缺一不可。

当企业能够把天、地、人这三网构建出来时，说明企业拥有了天时、地利、人和这三项最有利的要素。

不过，无论是天网、地网，还是人网，当中最核心的关键要素就是每一个企业经营者的思维高度。经营者的思维高度代表了企业能够达到的高度，经营者的气势代表了企业能够做到的规模，经营者的格局代表了企业的成长空间。因此，提升自我能力是企业招商的重要着力点，也是每一个企业经营者一生必修的课程。

第五章 05

# 走进融商
# ——引爆模式

引爆模式可以帮助企业经营者放大企业平台的作用，汇聚人才。引爆模式也是招商的顶层结构，分为三种模式：集团化、平台化、互联网化。

——王昕

## 01　集团化运作放大企业的格局

从盈利角度看，一般而言，企业可划分以下三种类型：

**第一种是靠销售产品，赚取产品差价的企业。**

这些企业的盈利模式基本是：销售额－成本（占比约 80％）＝利润（占比约 20％），即“10－8＝2”的模式来运作。

不过，单靠赚取产品差价作为企业的主要盈利来源，会对企业带来较大的风险。长虹电器就是典型的例子。

长虹电器是成立于 1958 年的老牌企业，主要业务是生产家用电器，其中长虹电视机就是这家企业最著名的产品之一。一直以来，长虹电视机都是以传统的生产和销售作为主要的盈利模式，但是当其开拓欧美国家的市场时，却被以“反倾销”的名义遭到这些国家的封杀。因为销售模式和销售渠道比较单一，所以长虹电器受到了重创。

**第二种是以构建营销渠道为主的企业，吸收大量的现金流，为“有钱的企业”。**

苏宁、京东，这两家企业虽然不生产家用电器，却有了家用电器的销售渠道，它们凭借着遍布全国的强大网络和平台为家电生产商销售产品。虽然他们经营都属于家用电器这个范畴，但是营销的本质不一样，长虹以销售产品为主，苏宁、京东则以构建招商渠道为主。

**第三种企业为“值钱的企业”。**

当一些企业有了大量的渠道数据和会员数据，就可以在 IPO（即企业上市首次公开募股）上面发力，把企业的价值放大。

从表面上看长虹、苏宁和京东这三家企业都属于销售家用电器的企业，但是本质上这三家企业的定位和盈利模式截然不同。

长虹赚取的是产品的差价，苏宁赚取的是渠道的销售比重，而京东赚取的是 IPO 为企业带来的巨大价值。

图 5-1　三种类型的企业

## 挟渠道者，得市场

纵观这三种企业，哪一种的盈利模式最好？

虽然把企业推进股票市场是大部分企业经营者的梦想和目标，但是上市之路并非一帆风顺，而是荆棘满途。很多企业还没成为第三种“值钱的企业”之前，就已在市场中“牺牲”。

如果不想经过中间的发展历程，而直接成为第三种值钱的企业，这几乎是不可能的。多数企业不可避免地要先经过第一种和第二种发展阶段，积累到一定的资本后，才有机会跻身上市公司之列。

很多企业起初都是由三五个合伙人起盘的中小微企业，采用最原始的部门合伙制。随着不断发展壮大，企业的制度和架构得以逐步完善，开始慢慢地走向集团化，最后打造出庞大的生态系统，这就是大部分企业的发展路径。

而在企业的发展过程中，靠赚取产品差价作为现金流，是难以长久地支撑企业的发展的。因此，在成为第三种企业之前，先让自己成为第二种企业，即有钱的企业，这是当下大部分企业的最佳选择。

商界里有一句话"挟渠道者，得市场"。渠道是企业销售产品的命脉，谁掌握了渠道，谁就扼住了企业生死攸关的咽喉。因为渠道等于销售，渠道越多，销售的业绩就越有保证。除非别人已经建立了强大的渠道，强大得难以撼动，否则没有一家企业愿意被别人扼住自己的咽喉。

格力电器和海尔集团曾经试图摆脱国美、苏宁的控制，开设自己的专卖店，建立属于自己的渠道。

### 把企业的部门变为子公司

企业如同人一样，每个人都有自己的职业规划，企业也需要有自身的发展规划，这就是企业的发展战略。

企业的核心部门一般包括：生产部、销售部、宣传部、财务部、人力资源部……

当经营者遇到一个非常好的人才，认为他能给企业带来巨大的价值，想把他招进来时，一般都会考虑给予这个人才一定比例的股份。

但是应该给多少股份才合适？如果股份给多了，不利于对企业的控制；如果股份给少了，这个人可能不来。因此，该给多少股份是企业经营者遇到的一个共性难题。

对于解决这个难题的方案，我建议如下：

首先，把原来的企业定位为一个大平台，而这个平台并不属于老板一个人，而是属于整个企业的合伙人；

其次，在这个大平台上再搭建一些小平台，如把一些部门变成“分公司”，让它们独立运营、独立结算。当“分公司”的运作日渐成熟，接下来就可以把这些“分公司”名正言顺地变为真正的公司。

企业的资金可以是通过销售而来的，也可以是通过招商而来的，或者通过融资而来的，但绝不是靠节省出来的，而把企业的部门直接转变成“分公司”，是企业创造收入的一种方式。

比如，可以把宣传部门变更为传媒公司，把销售部门变更为营销公司，把生产部门变更为制造公司，把新媒体部门变更为科技公司，把负责企业上市、融资的部门变更为创投或者投资公司……

这样做，能为企业带来三方面的价值：

(1)吸引人才加入，并激励人才发挥能动力；

(2)赋予原来的部门更大的权力，它们独立运营，能够发挥出小公司灵活多变、对市场反应迅速的优势；

(3)可以解决大企业决策缓慢、层级繁多、机构臃肿、效率低下的通病。

因此，当我们再遇到行业中的高手时，可以考虑与其合作，成立一家公司，让他成为这家公司的股东，占有一定比例的股份。当然，为了能够对这家新企业有效地控制，可以给人才较高的分红权，而分红权与占股权不一定是对等的。

这样可以把拥有不同专业、不同强项的人才分别安置在不同的业务板块里，企业的框架和格局就会被放大，走向集团化的运作。

## 架构决定了盈利能否持续

在母公司（即总部），持股的人一般有三种：

第一种是企业的创始人和创始团队；

第二种是企业的运营团队；

第三种是未来进入企业的专业投资机构。

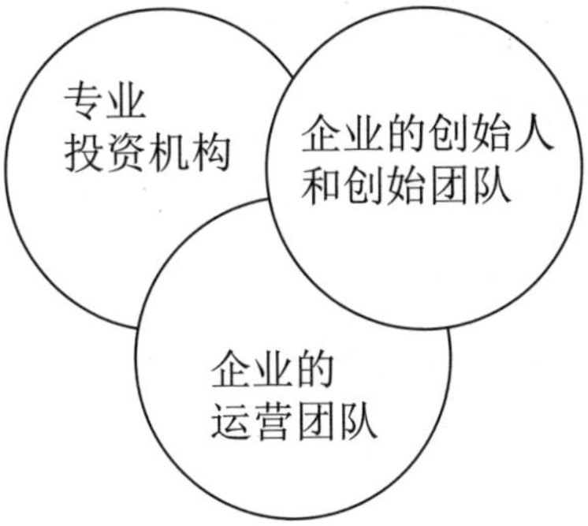


图 5-2　企业里持股的三种人

只有这三种人才能成为母公司的股东，而其他人员可先安排在子公司中试用，待时机成熟，再纳入母公司的运营团队中。

如果想把子公司的合伙人升级为母公司的虚拟股东，可以先把他从子公司的虚拟股东上升为代持股东，再从子公司的代持股东变更为注册股东，之后再作为母公司的虚拟股东进行再代持、再注册，这种阶梯式的升级策略是比较妥当的操作方式。

如果企业目前只有一个店面，招聘的就是店长；如果对企业进行集团化的运作，那么招聘的应该是CEO，这样企业的格局才能被放大。

所谓“站高一线，盈利无限”，企业架构决定了企业能否持续找到盈利的增长点。

在企业创办的前期，建议先用单品来建立渠道。

换言之，就是先确定一个单品，然后围绕这个单品快速建立分销渠道。这种方式在微商身上体现得淋漓尽致，他们一般都是先推单品，比如，只用一款面膜就可以开辟销售渠道，这种方式很值得借鉴。

企业推出新品时，为了规避风险，可以新成立一家公司，用这家新公司来运作新业务，风险会较小。无论最后的运作结果如何，不会给母公司带来直接影响，有效地规避了对母公司带来的风险。

用新公司、新资产、新模式进行集团化合作，不仅能有效规避风险，同时更有利于企业发展壮大。

如果刚开始就把人才放在母公司里，并给予其股份，万一双方合作失败，会产生不易解决的矛盾。

因此，用新公司与他人进行合作是最佳的方式，倘若双方日后合作不成功，注销公司便可。因为新加入的人，如果没有参与我们的过去，又何谈分享我们的当下？

## "三个行动"帮助企业走上正轨

湖南有一家企业，当年由三个合伙人一起创业，其中两个人的占股比例是 33.3%，而作为董事长的合伙人则多占了 0.1%，即 33.4%。不久，这家企业就面临了一个严峻的问题，前两个创始人不赞同董事长要预留相当数额的资金作为企业的现金流，所以天天要求查账、分钱，给企业的运作带来了很大影响。

于是，这家公司的董事长希望通过招商的方式解决这些难题。我与他经过深入的沟通后，告诉他要做出三个行动。

第一个行动就是先组织三个注册股东和十几个虚拟股东（这家公

司在后来的发展中，让出了一部分股份给予运营团队的核心成员，这些成员也因此成为公司的虚拟股东）召开了一场会议。

在会议上，我详细讲解了公司的“十大死法”：一是内部股东不和，经常查账；二是内部人员钩心斗角、内耗严重；三是不相信董事长，处处与董事长对抗……

同时，我还给他们分析了当初成立公司时，在股权设立上存在的问题，正是因为这些问题注定了公司发展到如今的地步。因此，我建议在原有企业的基础上再成立一家新公司。

这次会议结束后不久，新公司就成立了，天天查账的情况再也没有出现。

接下来，又进行了第二个行动——举行了第二场会议，专门讨论公司运营方面的问题。

在这场会议上，主要围绕着如何制定公司次年的营销目标来讨论。因为这两年，这家公司也受到了特殊情况的影响，如果再基于当年的数字来制定次年的目标，显然不符合实际。

因此，我向他们建议：制定目标必须基于两个数字，第一个数字是竞争对手的业绩，第二个数字是市场的发展潜力。确定好目标之后，还要制定相关机制，使目标与机制挂钩，以激发所有人的动力，确保目标达成。

第三个行动就是在前两次行动的基础上，筹办一次招商会。

经过事前的精心策划，这家公司在招商会现场就收到了 3 000 多万元的加盟款，帮助公司摆脱了原来即将分崩离析的局面，重新踏上了发展壮大的正轨。

## 02　融商的关键是把“四化”讲透彻

“先搭建框架，再补全”“先把企业的架构集团化，再贯彻“四化”原则：规范化、连锁化、价值化、资本化”这些都是我对企业家的建议。

要使企业集团化，必须先把企业的估值拉起来。因为企业的估值非常重要，它是吸引投融资的前提。投资机构是否投资一家企业，衡量的就是这家企业的估值。

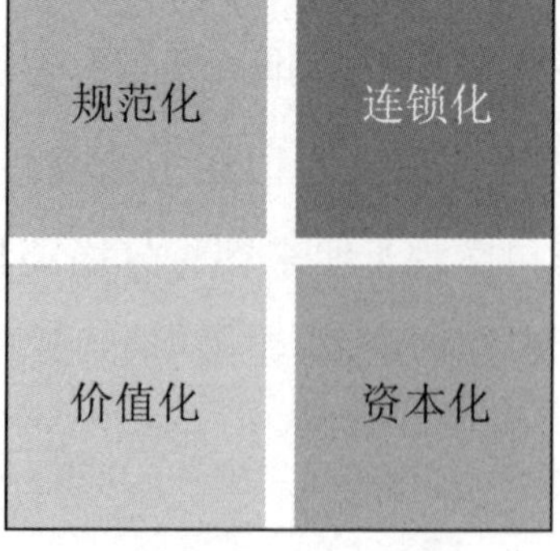


图 5-3　企业的“四化”

## 提升企业估值的“四化”

提升企业的估值，主要从“四化”入手。

**1. 规范化**

这个规范化包含了企业业务的规范化、财务的规范化、法务的规范化等多个方面。

**2. 连锁化**

连锁化属于企业的商业模式，在现阶段，企业还做不到千城万店的目标，但至少要描绘出可行的路径以说服投资者，让他们相信企业的模式是行得通的。

另外，企业还必须要有可量化的数字加以说明。比如，计划在某个城市开多少家分店等。

商业模式是许多同行、竞争对手和代理商所关注的重点，所以一定要做到数据化、路径化、战略化的布局，让大家相信你的企业拥有最佳的商业模式。

**3. 价值化**

当分店的数量达到了某个数字以后，要预计全国所有的门店总共会为企业带来多少收入，其中，成本是多少，利润是多少，而用户的总数是多少，活跃用户的数量又是多少……这些方方面面的数据，必须要做到心中有数。

招商与行业无关，与企业的招商思维有关。要把“看得见”的钱分出去，赚取背后“看不见”的钱。

**4. 资本化**

资本化是指企业未来的上市计划是怎么安排的，包括上市的时间、地点、形式、步骤，以及在每一阶段的估值等。

这“四化”就是“融商”最重要的四个核心点。

## 融人之前先取势能

在融商时，一定要做到有图有真相、有路径、有计划、有策略。同时，还要展示出自己团队的专业性，包括业务顾问、财务顾问、法务顾问、招商顾问等。

企业还要向外界展示出目前招商的进度、预计的收入、发展的步骤、发展的规模等。

另外，企业还要向投资者阐述清楚将来是如何吸引专业的投资机构进入，股权会怎样分配，资金怎样回笼等方面。

作为企业经营者，一定要把这“四化”讲明白、讲透彻，才能吸引投资者的垂青。

拼多多的创始人黄铮在融资的时候，拼多多这个平台还未被大众所熟知，但他因为把拼多多的“四化”讲得很透彻，所以得到了网易的丁磊、顺丰的王卫、OPPO 的段永平等人的支持，获得了数百万美元的 A 轮融资。直到 2015 年 9 月，拼多多的 1.0 版本才正式上线。

当把“四化”讲明白之后就可以为企业做估值，做完估值之后就可以筹备举办招商会、路演会，然后把股权进行稀释，抽出资金来运营企业，这就是现在大部分互联网初创企业的发展模式。

这些企业遵循着这一套“四化”的方案，只要企业能把“四化”讲明白、讲透彻，一般而言，会吸引到投资者。

企业要想做到集团化，必须要融人、融钱，具体操作顺序就是先融人，再融钱，而在融人之前，要先取势能。

如何做到先取势能？举个例子，刘备在三顾茅庐请诸葛亮出山前，他先把关羽、张飞二人融进来，也就是说，要先找到能合作的人，再去吸引真正想要的人。

简单而言,企业应该先融能合作的人,再去整合有资源的人。无论是智慧的资源,还是流量的资源,都是吸引投资者进入的重要因素。

很多企业经营者陷入一个误区,认为一定要先有货,企业才能够招商。事实并非如此,招商是应该提前布局的。精明的经营者有预先布局、预先招商的意识。招商的眼光不应该局限于未来的3年、10年,而是要关注到企业未来的30年、50年,甚至100年。

## 茶园的案例

在四川的峨眉山,有一家经营茶叶的公司,如果按照传统的产销路径,企业的经营模式就是:先由农户种植茶叶,回收后卖给企业(品牌商),企业贴上自己的品牌,再卖给批发商,批发商再卖给代理商,代理商再卖给门店,门店再卖给客户,中间经过了很多个环节。

最后,当茶叶到达客户的手中时,售价已经翻了好几倍。而在这个过程中,品牌方也没有得到很多的利润,因为利润都在各个环节中被"吃"掉了。

这家企业的董事长为此苦恼万分,不得不思考如何改变原来的商业模式。

他首先跟负责种茶供货的1 000多家农户达成了合作协议,把农户的茶园承包下来,然后以5万元一亩转租给客户。而客户在租赁茶园的期间,把茶园的经营权也委托给这家企业来经营和管理,这家企业向客户承诺每年每亩地返还100斤茶叶。同时,所有的客户都会获得茶园生态旅游的资格。

对于客户而言,连续40年每年获得100斤茶叶,按目前的市场价格估算,只需5万元便可得到价值100万元的茶叶,何乐而不为?

这个模式吸引了众多客户前来合作，让这家企业在短短8个月内，获得了腾讯资本、今日资本共5 000万元的融资，融资占股份的10%，换言之，这家公司的估值就是5亿元。为此，这家公司获得了2017年商业模式创新金奖。

它的商业模式好在哪里？把公司从单一、传统、赚差价的盈利模式中解放出来，摇身一变成了平台模式，大大提高了盈利点，提升了收入和利润，并且还一次性地解决了很多问题。

从盈利点来看，公司从原来只有一个盈利点大幅增加到拥有6个盈利点，企业赚到了6笔钱，分别是：

**1. 土地流转的钱**

企业以极低的价格从农户手中获得了茶园40年的经营权，再以5万元一亩的价格转租给了客户，赚取了中间的差价。

**2. 销售茶叶的钱**

以每亩地平均生产200斤茶叶计算，减去企业每年需要返还客户100斤茶叶后，还剩下100斤茶叶归企业所有，企业可以通过销售这些茶叶获取收入。

**3. 品牌授权的钱**

运用这样的模式，企业可以继续扩大经营规模，并通过招商开设连锁店，实现连锁化、集团化的经营模式。

**4. 生态旅游的钱**

租下了茶园的客户每年可以免费获得3天2晚的茶庄生态旅游，这时企业可以通过提供餐饮、娱乐等服务来获得有关旅游方面的收入。

**5. 政府补贴的钱**

由于企业协助了当地政府解决茶农经营的问题，响应了国家关于振兴乡村经济的号召，因此获得政府相关政策的支持，每年得到额外的补贴。

**6. 股权增值的钱**

商业模式的改变，使企业成了一个可持续性发展的大平台，企业的估值也因此大幅上涨，吸引了 5 000 万元的融资，也使股权增值。

这个商业模式不仅增加了企业的收入，还解决了企业很多问题：

(1)它使企业既得到了一次性的收入，还获得了持续性的收入；

(2)企业建立起一个高端的社区，以茶叶作为入口，为销售其他的产品打下了基础，如果企业能够拥有 5～10 万名的高质量用户，将会更受资本的青睐；

(3)它摆脱了传统的营销模式，转变为平台模式，结合线上线下，迈向新零售，快速地步入了资本市场，股权大大增值；

(4)它砍掉了一大批在农户和用户之间的环节，大大降低了成本，提高了利润；

(5)"我在峨眉山拥有一亩茶园"的口号，满足了客户对"面子""精神"方面的追求，使客户更有获得感；

(6)为当地旅游业作出了贡献。

这家企业的模式做到了把众筹、众销、众创三者结合在一起：

众筹：由客户共同出资获得茶园的经营权，成为茶园主。

众销：客户每年获得 100 斤茶叶后，可自主销售，也可自己享用。

众创：企业与客户绑定在一起，成为命运共同体，带来了更大的潜在价值。

从这个案例可以看到，新商业模式和旧商业模式的区别在于，旧商业经营的是产品，而新商业是把产品作为连接用户的一个工具和入口，最后经营的是一个群体的整体需求。在企业发展的历程中，实现了融人、融钱、融资源。

# 03　商业模式走向新零售

企业平台化与互联网化的关系，就像土壤和树木的关系。平台化是土壤，互联网化是树木。只有根植于土壤，才能使企业长成参天大树。

新零售概念就是互联网化的一环，它的核心内容包括以下三个方面：

(1)以客户为体验中心；

(2)以数据来驱动，包括客户数据和财务数据，这是企业最值钱的部分；

(3)具有泛零售的形态，即企业销售的产品不应局限于自身原有的产品，而是应该根据客户的需求，提供多种多样的产品和服务形式。

## 以客户为体验中心

任何一家企业都不可避免地经历着从以产品为中心到以客户为中心的过程。

“以客户为中心”的经营理念，基本核心就是要找到“客户的需求”，即必须弄清楚客户到底有什么愿望，站在他们的立场去思考、发现问题，并在此基础上设计出合适的产品和服务。

传统经营模式是以产品为竞争基础，企业关心的是如何提升内部的运作效率和提高产品质量。随着全球经济一体化和竞争的加剧，产品同质化的趋势越来越明显，产品的价格和质量的差别不再是企业获利的主要手段。

企业要认识到满足客户个性化需求的重要性。倾听客户的声音，对不断变化的客户期望迅速做出反应的能力，是企业成功的关键。因此，企业的生产运作要围绕客户为中心进行，满足客户的个性化需求。

### 胖东来超市

在中国的服务型企业中，以“把服务做到极致”而赢得顾客赞誉的企业有两家：一家是海底捞，凭借出色的服务成为餐饮企业的龙头；而另一家就是在河南省经营超市的胖东来。

虽然胖东来所在的城市是国内的三线城市——新乡和许昌，但是这并没有影响它的发展。胖东来的年营业额高达70亿元，直逼位于一、二线城市的大型品牌超市，令商界侧目。在零售界中有这样一句话：中国的超市分两种——胖东来和其他超市。

据了解，胖东来85%的利润来自回头客，为什么？因为它能够站在顾客的角度，把服务做到极致，俘获了顾客的心。

现在，看看胖东来是怎样服务顾客的：

(1)在新冠疫情期间，胖东来宣布：所有的蔬菜按进价销售，绝不加利润，于是白萝卜每斤只卖0.4元、冬瓜每斤卖0.9元、南瓜每斤卖0.9元……这样的举动，令很多超市汗颜；

(2)一般的超市都设有购物车和购物篮，这并不稀奇，但是稀奇的是胖东来有七种购物车供不同的人群使用，每种车还标注了具体的使用方法，如，供老年人专用的购物车，不仅设有可以坐的板凳，还配备了放大镜，方便老人查阅商品；

(3)在老年人经常购买的物品货架，也设有放大镜，方便老人阅读商品的使用说明；

(4)在冷冻食品的货架上，放置了棉手套，以免顾客取冷冻食物的时候被冻伤；

(5)对于容易腐坏、需要冷冻的食品，胖东来设有专门的取冰处，可免费取用冰块；

(6)如果你忘记带手机，或者手机没电，超市里设有免费的电话；

(7)随处可见的产品提示牌可以说是胖东来的一大特色，提示牌上的内容很详尽，如卖柿子的货架上会立着一个牌子，写着：空腹不能吃柿子，柿子不能与蟹、鱼、虾同食……这些细节让人感到既温馨又周到；

(8)对于一些未熟透的水果，胖东来直接围封起来，牌子上写着：成熟度不够，暂不销售；

(9)如果你对哪个员工感到不满意，投诉他时，还会获得500元的投诉奖金；

……

胖东来共有100多项免费服务，包括免费提供修车工具、免费干洗等，顾客即使不消费，也可以享受这些服务。

胖东来的服务理念不仅体现在对顾客方面，就算是超市的员工，也能享受到多项福利，比如：每周只许工作40小时；晚上6点后不许加班，抓住一次，罚5 000元；下班后必须关闭手机，打通一次，罚200元；每月必须带着家人出去旅游一次，每年强制休假20天。

“以心待人”的措施，使胖东来享有极高的声誉。因此，在胖东来超市方圆一公里的范围内,几乎没有其他超市敢与之竞争。

### 以大数据来驱动生产和营销

过去,企业是通过自身的经验对客户进行调研,形成自己的推断意见,并根据这些意见进行决策,这是一个观察、思考、推理、决策的商业逻辑过程,需要大量的时间与实践,对企业来说代价非常大。

随着互联网在各行各业中得到广泛的应用,大数据的出现,则节省了企业大量的人力、物力,并且更准确、更快速地为企业提供极具价值的参考意见。

通过对大数据分析,把客户的消费行为进行归类、研究,可以更好地了解客户的需求,提供个性化的定制服务,帮助企业提升客户体验的同时,还找到新的商业机会,发现新的市场空白。

可以说,数据对于企业的重要性,就好比情报对于战争的重要性。数据犹如企业的眼睛,帮助企业做出科学而正确的决策。

数据的类型可以分为:财务数据、生产数据、销售数据、市场数据、人力资源数据等,它们起的作用是不一样的。

比如,销售方面的大数据可以反映出产品的销售状况,企业可以根据这些数据在不同的时间、不同的地点推出不同的促销活动;生产方面的大数据可以反映企业的生产状况,帮助经营者制定生产计划、处理库存,以及指导销售等。

大数据是企业洞悉市场趋势、抢占市场先机和发掘商业价值的重要手段。在零售业,有人曾经说过:“新零售就是以大数据为驱动,通过新科技的手段和用户体验的升级,改造零售业的形态。”

新零售依托大数据技术,使零售商获得大量的用户精准数据,对这些数据的有效利用,有助于企业制定合理的营销推广策略,主动把商品推荐给有需求的用户。

在餐饮业，通过大数据分析，可以找到什么口味的菜品更迎合大多数顾客的需求，这样就能帮助餐饮企业及时调整业务发展的方向。

在互联网行业，用户作为企业生存的“衣食父母”，关注用户需求并且提供高效优质的服务体验显得尤其重要，而这需要企业具备快速实时处理和分析海量用户数据的能力。对于快节奏的互联网行业来说，快速、精准非常重要。

大数据是企业最值钱的部分，对企业起到如下作用：

(1)实时准确地监控、追踪竞争对手的动态，是企业获取竞争对手信息的利器；

(2)及时获取竞争对手的信息，以便研究行业的发展与市场需求；

(3)为企业决策部门和管理层提供便捷、多途径的战略决策工具；

(4)大幅度提高企业的效率，是企业提高核心竞争力的关键；

(5)帮助企业建立起以知识管理为核心的“数据仓库”，提升企业的整体分析能力和快速反应能力。

### 具有泛零售的形态

商业已经从交易的时代进入关系的时代，如今的业态边界越来越模糊，打造一个以客户需求为中心的严选杂货铺，营造一个消费生态圈，已成为很多企业，尤其是实体店发展的一大趋势。

因此，企业不应该局限于销售原有的产品，而应根据客户的多样性需求，提供多品类的营销。

比如，出差、旅游时，在居住的酒店里能买到日用品、家具；等待电影开场之际，可以在影院大堂里看书、购物；咖啡馆享受下午茶的同时，顺便把脏衣服拿去清洗……

把这些看似风马牛不相及的元素混搭在一起，满足客户多样性的需求正成为实体商业发展的趋势和逆袭的标签。

相信各位读者都曾经去过小米的实体店——小米之家，也知道小米还有另外一个品牌叫“小米有品”。

“小米有品”是小米旗下的精品生活购物平台，也是小米“新零售”战略的重要体现，它依托小米的生态链体系，用小米的模式经营生活消费品。

与小米之家相比，“小米有品”的理念是做精选产品的平台，不追求产品的数量，而追求产品的质量好且独特。因此，在选择产品方面，“小米有品”可谓精挑细选，务求打造出一个精品生活的购物平台。

“小米有品”近两年在线上的发展颇有成就，不仅有自家产品和生态链产品，而且涵盖了家居、日用、餐厨、家电、智能、影音、服饰、出行、文创、健康、饮食、洗护、箱包、婴童等生活消费品品类。

在线下，“小米有品”入驻了全国 200 多家小米专卖店，让小米专卖店的产品更趋多样性。当你逛小米之家时，会像逛一家精品超市，因为这里不仅陈列了小米手机，还有小米笔记本、空气净化器、净水器、电饭煲等智能家居产品，以及小米手环、移动电源等手机配件，以及与生活相关的各种产品，吸引了顾客长时间地逗留在店里，提高了人气。

“电商价、体验购、服务优”是小米之家的经营理念，这 9 个字里有 6 个字都在强调用户的体验，这就是互联网企业的线下零售模式。

对用户来说，小米销售的产品品质好、颜值高、性价比高，这就是他们乐意买单的根本原因。

小米有品的多样性经营，是把小米产品的口碑转化为实际消费力的新引擎。

## 04 赋能行业蕴含着巨大的商机

赋能行业是商业发展的趋势，蕴含着巨大的商机。

如果把一个行业看作是一个金矿，那么行业里的大部分人在淘金。当大家只顾着淘金时，我们要考虑的是如何远离这种竞争，转而为淘金的人赋能。

比如，可以考虑铺设通往金矿的高速公路，通过收取过路费来盈利，这样既为整个行业赋能，又避免了与淘金者抢占资源，形成恶性的竞争。

### 痛点就是商机

以医美行业里的新氧公司为例，该公司于 2019 年 5 月在纳斯达克上市，市值高达 20 亿美元。而这家公司成功的秘诀在于为整个行业赋能。那么，这个行业到底存在着什么问题呢？

由于信息不对称，许多爱美者、准备整容者不知道该如何选择医美公司，由于他们在媒体上经常看到医美手术失败的案例，增加了他们对这个行业的恐惧。

对于爱美者而言，一旦手术失败，不仅要面对失败的后果，承担带来的风险，还会严重影响他们的生活。

新氧公司就是通过让爱美者分享自身的体验，使潜在顾客获得更多的医美经验和知识，从而减少对手术的担忧。另外，这种模式也为新氧公司汇聚了大量的种子用户，而这些用户对医美企业来说具有极大的价值。

至2018年第四季度，新氧公司实现了全平台2.4亿人次的观看量，吸引了1 000多家医美服务的供应商、整形医院与合作。可以说，该公司为整个医美行业赋能。

除了新氧公司外，途虎养车也是如此。途虎养车是一个通过线上预约、线下提供服务的养车平台。由于直接与供应商合作，所以途虎提供的产品真实，操作规范、标准，避免了车主买到假配件、假机油的问题，因此受到了车主的垂青。

由此可见，赋能行业首先就是要发现行业的痛点，因为痛点就是商机！比如，医美的痛点催生了新氧公司，汽车4S店的痛点催生了途虎养车。

## “三权分立”达至共赢

招商行业的痛点就是企业利用政策过度刺激、只顾招商而不养商……这些行为对整个招商行业造成了伤害。

有一家英语培训机构经营者参加了我主讲的招商课程后，毫不犹豫地跟我合作。因为新冠肺炎暴发，该机构被要求停止授课，2 000多名英语老师的工资难以下发，使老师对公司产生不满。

为了解决这个问题，我研发了一种新的模式，采用微加盟的模式来激发全体老师的活力，改变他们原有的授课方式。

当时，这家机构的经营者很疑惑：现在的门店都开不了，英语教学更无法开展，如何去招商？我告诉他一个观念：招商与产品无关，只与人有关，我卖的并不是英语课，而是渠道的合作方案。

因此，我提出了"微加盟"的概念，即企业内部采用"三权分立"的合作模式。

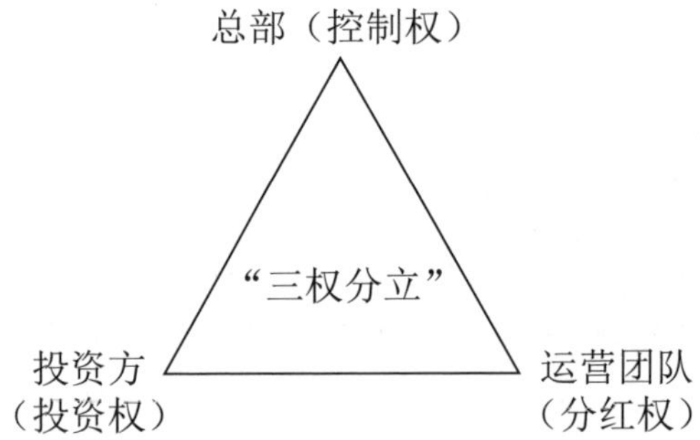


图 5-4 "三权分立"模式

具体来说，就是总部和加盟商之间如何分权，如何构建投资权、控制权和分红权的布局。

首先，把每一家分店看作是由总部、投资方、运营团队这三方共同拥有。其中，总部就是品牌方，投资方就是负责出资金的一方，运营团队就是以分店的校长（店长）为代表的操盘团队。

其次，在投资权方面，总部不投资，运营团队可以投资，也可以选择不投资，而投资方的投资金额占 70%～100%。

在控制权方面，总部占 51%，投资方占 49%，运营团队负责运营这家分店。

在分红权方面，总部拥有 5%的赋能回报；投资方在收回全部投资前，占分红的65%，在回本后则占30%；至于运营团队，在投资方回本前占分红的30%，回本后则占70%。

这里涉及“回本前”和“回本后”的概念，即在投资方还没有收回投资之前，品牌方和运营团队应该尽力协助投资方先把本钱收回来，换言之，此时的团队和总部应先为投资方工作。待投资方收回全部本钱之后，为了使分店持续健康地发展，让运营团队获得大部分的收益，而投资方获得小部分的收益。

这种微加盟的赋能体系就是通过“三方开店，三权分立，有钱出钱，有力出力”的理念，有效地为三方赋能，达至共赢、共享的局面。

同时，我还考虑到分店裂变的问题，为这家机构打造出一套拓客系统：

用户只需支付98元，便可获赠24节英语课；支付1 980元，可获赠价值9 800元的课程……

另外，我还为该机构推出了其他的营销手段，比如，购买学习卡送红酒等。

不仅从缩小场地的面积、精简课时、优化教学设备这些方面入手，还使他们的人员在各方面得到了提升。比如，为这家机构搭建了讲师系统、部门招商系统、内部素质管理系统、平台系统、培训考核系统，以及在天网上招商等各种模式。

仅仅一周，这家机构就发展了100多个微加盟的客户，周业绩达1 500万元。另外，在线上为该机构进一步赋能，通过23个人的招商铁军，创造了吸引招商资金6 000多万元的佳绩。

在六一儿童节时，这家机构进行了线上直播，售出了1万多张学习卡。

我始终认为，英语培训只是客户的一个入口，通过培训获得孩子背后的家长资源才是最终的目标。如果只卖学习卡这个产品，就会停留在简单的“买卖”阶段，是难以长久的。企业必须发掘背后的资源，获得用户的持续性需求，才能得到持续性的发展。

### “直盟托管”模式

引爆模式的核心在于企业架构的集团化，对“四化”原则的梳理，对估值的策划，以及对招商铁军的打造。

企业实行纯直营的模式会导致负担太重，难以持续；实行纯加盟的模式又会导致内部各个职能部门难以管理。

因此，可采用“直盟托管”模式，也就是把直营的管理模式、加盟的合作体制融合在一起，既利用了直营模式的优点，又使得加盟模式更加灵活。

以渠道为核心，用创新而精准的渠道方案连接人与产品，同时利用“三方开店，三权分立”的合作模式引爆招商，不仅保证企业在今后又快、又稳、又好地发展，而且还能把用户的数据沉淀下来，为企业的壮大发展奠定基础。

第六章 06

# 走进融商
# ——引爆渠道

产品好不是关键，关键是有多少渠道商、代理商在帮你卖产品。引爆渠道的三个核心，分别是模型、裂变和项目。

——王昕

# 01　渠道的概念和使用场景

渠道有许多模型，除了之前所讲的直营、加盟、直盟托管之外，还有托管联营、加盟联营、联盟、特许加盟等模型，每一种模型的概念和使用场景都不一样。

## 中小企业应采用直盟托管的模式

直营的模式比较适合资金雄厚的大企业。比如，宜家家居采用的就是直营模式，场地和整个商场都属于宜家这个企业的。

托管联营就是品牌方和投资方共同合作的一种形式。投资方把门店的经营权交给品牌方管控。换言之，门店的所有事情都不由投资方决定，而由品牌方决定，这要求品牌方必须具备一定的供应链体系和强大的管理运营系统。

当供应体系越强，门店运营的标准化越强。如果把产品外包给他人供应，那么运营体系就不能自主构建，就不能使用托管联营的模式。

直盟托管适用于品牌方的资金并不是很雄厚，管控力量也不是很强大的企业，这些企业一般会采用这种模式来拓展市场。比如，早期的海澜之家和现在的名创优品就是采用这种模式。

由于每个品牌不一样，所以使用的模式也不一样。比如，麦当劳在一部分门店中采用的就是特许加盟模式，特许加盟模式的关系（即品牌方和投资方之间的关系）较为松散；而有些经营服饰鞋帽的品牌方则采用加盟联营的模式。

在分店的运营当中，直营模式是品牌方和投资方之间关系最强的模式，托管联营和直盟托管的关系次之。因此，我建议可以采用直盟托管的模式，原因有：第一，资金由投资方出，减少品牌方的压力；第二，这种模式对分店的管控较好。

## 海澜之家是怎样成功的

很多人认为，做企业一定要做爆品，产品要时尚、要能引领潮流。你有没有发觉，海澜之家的产品并不讲究引领潮流，但成功了。为什么？因为海澜之家的成功秘诀包含九个核心。

### 1. 投资权、经营权分离

过去，很多投资者既负责门店的投资，又负责门店的运营，这使得门店的存活率较低。因为很多投资者的专业程度较低，欠缺经营门店的能力。而海澜之家的第一个成功秘诀就是把投资权和经营权分开，投资者负责投资，享有分红权。门店的经营并不由投资者负责，而是交给专业的团队来运营，这样有效地保证了门店的存活率。

### 2. 有效控制库存

库存等于浪费，而海澜之家并没有库存，创始人周建平在出席一次活动时表示，海澜之家采用的是代销模式，海澜之家并没有自己的工厂，而是直接与厂家合作，代理销售，所以海澜之家没有库存。

### 3. 帮助厂家销售库存

海澜之家没有库存，但是工厂有库存。由于很多工厂专注生产，并不善于市场销售，因此海澜之家向工厂提出帮助它们解决库存时，受到了工厂的欢迎。海澜之家帮助工厂销售库存时，会收取利润的30%。而海澜之家处理库存的方式一般有两个途径：第一，通过电商平台举办秒杀活动；第二，贴牌再销售。

由于海澜之家的销售渠道众多，因此并不担心库存问题。

### 4. 分店经营者本地化

为了使门店更受当地人欢迎，营销活动更接地气，海澜之家要求店长必须本地化，因为这样有助于提升门店的存活率。

### 5. 对店长严格管控

虽然店长的工资是由投资者支付，但是在执行上由总部来决定。换言之，发不发店长的工资或者该发多少，是由总部说了算。这是因为要把控好一家门店，关键在于把控好店长，而要把控好店长就必须把控好店长的钱包。

店长的工资需要通过总部的审核，审核的内容包括经营门店的能力、利润、毛利率、周转率、库存率，销售额的完成率等，这能使总部对门店各方面的情况了如指掌。

### 6. 采用保本加盟模式

一般来说，投资者与品牌方的合作加盟模式有两种：保本加盟模式、非保本加盟模式。

假设你加盟一个品牌，需要投资200万元，如果采用的是保本加盟模式，那么品牌方会保证你在一定限期内不亏本，如果在这个期限内亏本了，品牌方会为你“兜底”；而非保本加盟模式，虽然品牌方也会尽力协助你不亏本，但实质上还是具有一定的风险。

保本加盟模式和非保本加盟模式还有一个区别：加盟保险。保本加盟模式比非保本加盟模式需要额外支付加盟保险费用。

海澜之家采用保本加盟模式，给加盟商一定的保障，让加盟商能全力经营。

**7. 在自身的体制内提供金融帮助**

有些投资者希望加盟或者代理更多的门店，但苦于手头上的现金不足而错失良机。对此，海澜之家也制定了内部的金融机制，为这些投资者提供贷款，既解决了投资者的资金压力，又促使企业快速发展。

**8. 分红天天结算**

海澜之家推出了分红天天结算的即时奖励机制，大大提升了员工的积极性。同时，也在每个投资者的脑海中形成一个印象：加盟海澜之家后天天都有钱分，这自然就吸引到更多的投资者。

**9. 企业的定位**

定位就是选战场、选赛道。

海澜之家定位非常成功，这是因为对很多男人来说，如果有一个专门的品牌提供男性的衣物，只要品质没有太大问题，他们一般都会成为这个品牌的忠实客户。

因此，海澜之家把自己定位于“男人的衣柜”，可以说牢牢地锁定了目标客户，抓住了他们的心。

另外，海澜之家也与投资者有六项约定：

第一，投资者必须放弃经营权。虽然每一个加盟店都由投资者来投资，而门店的租金和装修等支出也由投资者负责，但投资者并不参与门店的实际管理，而是交由品牌方负责运营，采取统一的标准化管理。

第二，投资者须先交 100 万元押金，5 年之后如果符合约定条件则全额返还。

第三，为了减少投资者的顾虑，海澜之家也会为投资者提供年化10％的收益作为保底收入，不足部分由海澜之家补足。

第四，每日结算。

第五，投资者不承担库存风险。

第六，门店要对顾客承诺百分之百退换产品。

## 02 得渠道者得市场

1993 年美国经济学家乔治·吉尔德提出了著名的梅特卡夫定律，该定律指出：一个网络的价值等于该网络内的节点数的平方，而且该网络的价值与联网用户数的平方成正比。换言之，当一个网络的用户数目越多，那么整个网络和该网络内的每台电脑的价值就越大。

这个定律不仅适用于互联网，同样也适用于企业的营销。

如果把企业的营销网络和渠道网络看作是互联网的网络，那么当一家企业的销售网络覆盖范围越大，用户数目越多，整个企业以及网络中每一家分店的价值也越大。

社会的商业活动交流频繁，互相依存，犹如一张巨大的网，因此，快速建立渠道网是企业都要做的事。

### 渠道带来的三大价值

2001 年，陈传武在温州瑞安大街开了一家小吃店，也就是我们现在熟知的正新鸡排。到了 2012 年，在休闲食品蓬勃发展的背景下，陈传武对产品进行了改良，在随后不到两年的时间里，正新鸡排发展到拥有 500 家直营店的规模。

然而到了 2013 年，由于禽流感疫情暴发，使正新鸡排遭遇了前所未有的危机，业绩一落千丈。在生死存亡之际，陈传武决定开发加盟模式，就是这一决定使正新鸡排起死回生。

从 2015 年到 2017 年，正新鸡排的门店数量从 3 000 家暴涨到 10 000 家，平均每天新开 13 家店面，最多一天开了 30 家店面。到 2019 年的 12 月，正新鸡排的门店数量已增加到了 18 000 家，一年卖出 10 亿片鸡排。这就是招商成功的企业范例。

正新鸡排的产品不属于高技术含量的产品，而是因为渠道和门店的扩张使销售量大大增加，这正说明了渠道的重要性。

搭建渠道、扩张渠道规模，能够帮助企业实现三大价值：场景价值、生态价值、用户价值。

主营电子烟的乐客，作为中国第一家上市的电子烟品牌，从成立到上市仅用了 3 年时间，估值高达 3 000 亿元，它成功的秘诀是什么？

2019 年 10 月，国家出台了对电子烟类产品的监管政策，禁止在线上销售电子烟和相关产品。因此，大部分的电子烟商家转战至线下渠道。而乐客开始大力布局线下渠道，快速开发实体店面。

2019 年乐客授权的门店数量只有 41 家，到了 2020 年 7 月，乐客已拥有 4 000 多家门店，占据了中国电子烟市场 62.6%的份额，市值也从 1.3 亿元增长至 30 亿元，这得益于门店数量的倍增。

乐客的领导层明白一个道理：只有拥有大量的渠道数量和用户数量，才能吸引到资本的青睐。如果单纯地拥有好的产品，是难以成大事的。

因此，要把精力放在研究用户群体上，而不是仅仅把目光放在研究产品上。当人们的需求、市场发生变化时，要第一时间感知得到。

在这方面，海尔集团旗下的日日顺物流的做法值得借鉴。经营者发现，网购电动车的挂牌手续复杂烦琐，为此日日顺物流联合了100个城市的交警部门，把全国6 000家日日顺的网点升级为电动车授权挂牌中心，解决了消费者网购电动车时遇到挂牌难的痛点，形成了上牌、保险、防护一站式的场景服务方案。

当企业构建好场景价值、生态价值时，用户的价值自然就被凸显出来。

## 深度挖掘用户的渠道价值

何谓用户价值？顾名思义，就是企业深度挖掘用户其他价值的能力，这种能力将进一步为企业带来更大的价值。

用户的价值除了包括自身的消费行为之外，还包括黏性的价值、引流的价值，以及促进的价值。

黏性的价值是指用户的忠诚度较高，复购率高，也能带动其他用户的留存率上升。

引流的价值就是指用户愿意把企业的产品和服务向其他好友推荐，从而为企业带来新的用户。

促进的价值就是用户根据自身的体验，向企业提出有建设性的意见，帮助企业把产品做得更好。

著名的母婴品牌“好孩子”就是一个把用户的价值进一步发掘出来的例子。

“好孩子”从一个濒临倒闭的校办厂，发展到现在经营母婴全系列产品的分销和零售平台，成功秘诀是遵循了“渠道为王”的策略，把用户的价值挖掘了出来，形成由用户裂变出渠道的营销模式。

2019年12月，“好孩子”把经营重心转为数据化零售，采用云店面和实体门店并行，社交运营和品牌营销同步一体化的模式。

云店面是一个全新的概念，也是未来的发展趋势，面向宝妈群体的"好孩子"采用社交营销方式，使门店数量迅速增长。两年时间里，"好孩子"一共建立了 78 家经销商云店面。

在电商方面，"好孩子"的线上布局由京东、淘宝、天猫组成。线下加盟商则由全国的区域战略合作伙伴组成，通过分销模式把原来的用户群体宝妈成功转变成为分销商，负责单品的销售。而对于企业无法触及或控制的渠道，比如，偏远的地区，直接采用经销的模式。

"好孩子"能够根据不同的投资者制定出不同的合作方式，而不是用一套方案干到底，这也是它得以成功的重要原因。

由此，可以推出，如果一家企业要取得成功，必须能有效地控制成本；要控制成本，必须要把企业的供应链做强；要把供应链做强，必须要拥有控制供应链的话语权；而要控制供应链的话语权，渠道数量一定多，遍布范围要广。只有这样，才能打造出吸引投资者的品牌。

## 03 招商模式设计：捆绑客户赋能

捆绑客户赋能，就是通过“签约成为渠道商”的方案，把老客户捆绑成新项目的代理商，使他们成为合作伙伴。

具体的操作思路如下：

首先，企业开发出一个新的项目，并设计出销售渠道方案，将原有的老客户变成新项目的代理商，借此捆绑老客户；

其次，不仅使老客户成为新项目的代理商，还要以“一推三”“一推五”等方式帮助老客户进行裂变。比如，前文提到那家英语培训机构招商时，就是把学生的家长变成机构的投资者。

### 增设新项目，让客户投资

某珠宝厂为庆祝企业成立30周年，特地向老客户开放一定数量的名额，使之成为珠宝厂的代理商，一起共享平台带来的红利。成功获得代理资格的老客户，还可获赠合伙大礼包。

此举，一方面，体现了企业感谢老客户一直以来的支持；另一方面，借助企业举办庆祝活动之际，招募代理商。此时，珠宝厂销售的并不是有形的产品，而是获得代理商的资格。

你可能会问，代理商的资格是否需要明码标价？

很多企业在推销代理商的资格时，一般都采取赠送的方式，即把代理的资格送给某个人。其实这很容易让人产生误解，以为成为代理商根本不用任何花费，这无形中建立了“代理没有价值”的错误观念。

企业可以赠送代理商的资格证明，但是也必须要让对方知道，成为代理商是有代价的。企业的经营者要明白“是卖资格送产品，而并非卖产品送资格”这个道理，切记不要把当中的关系混淆了。

现在很多企业都是采用“卖产品送资格”的方式，以产品的进价和数量给予相应级别的代理资格。这种方式的弊病在于，一旦把产品的进价和数量固定下来，就会缺乏灵活性，而且这种方式会导致企业的成本增加。

如果顾客把产品退回来，企业可能还要以一比一，甚至一比三的出厂价退回费用。

而“卖资格送产品”的方式就完全可以规避这些问题，因为产品的进价既可以按市场的价格来计算，也可以按出厂的价格来计算。当代理商退回产品时，最多只能按一比一的出厂价退回，这就解决了很多企业过去在招商时不盈利的原因。

要想在招商时盈利，必须把主次关系分清楚，明确代理的资格比产品更重要。与此同时，还要建立一套与之相匹配的帮扶体系，以及制定快速回本的策略以协助招商。

### 改变代理商原有的认知

如果企业还固守于原来的产品思维，通过压低产品的价格，靠产品的差价来获利，就会发现压低产品的价格之后，产品的质量也会受到影响。所以,用价格来竞争是最低端的做法,而且利润也是有限的。

企业经营者需要明白,要建立一个长久的品牌或者成就一项伟大的事业,千万不要想着在生产方面搜刮利润,否则最后伤害的还是自己的品牌、人际关系资源,甚至会动摇事业的根基。

因此,企业经营者的正确态度就是跟生产商、渠道商、代理商、合伙人等相关联的人一起抱团取暖,互相联合,才能在市场上赚取更大的利润,获得充足的发展空间。

## 招商方案的价值在于被采用的理由

理由是用来说服他人的关键,也是成事的根本。在做事之前,都需要一个理由来激发内心的冲动,从而做出决定。当理由不充分时,我们的内心便会显得很矛盾,最终会退缩逃避。

比如,在大街上偶遇一个朋友,他邀请你去他家吃晚饭。一般情况下,这个邀请会被拒绝,因为他没有说明邀请的理由。但是,如果他在邀请的同时还说明了邀请的理由,如刚好家里有喜事,所以邀请你,那么这样的邀请就往往不容易被拒绝。

因此,理由非常重要,推出一个方案之前,首先就要设定能够说服对方的理由,这是解决问题的基础。

前文提到那家英语培训机构招商时,许多家长看了在抖音上的招商直播后感到很疑惑:疫情防控期间培训学校都不能开课,加盟这家机构怎么能获利?

企业通过直播告诉家长加盟的理由:“当下因为特殊时期很多行业都停滞,但是对孩子的教育能停下来吗?不能。许多学生在新冠肺炎疫情防控期间还要通过网课来学习,教育不能等。”

另外,机构的创始人还注意到,一些学生家长在机构办理了价值几万元的英语学习卡后，由于市场变化，部分家长的现金流断裂，导致孩子的学习也受到了影响。为了解决这个问题，机构的创始人决定把原来计划每年投入 500 万元至 800 万元的广告费，补贴到课程费用里。家长既省钱，又能获利，还能让孩子学习英语。

当家长成为学校的校董，成为合伙人，不仅让孩子在这里可以终身免费学习，而且自己也能获利。于是，这个方案得到了许多家长的响应，由此可见，理由比方案更重要！

产品只是连接人的道具，销售的聚焦点要放在与人能够产生连接的方案上。要让投资者明白：加盟自己的品牌，他就获得了盈利的能力。

可惜的是，许多企业管理者一直没弄明白这个道理，无论他生产什么产品，怎么销售，都很难成功。

## 04 构建企业的渠道体系

通过设计融商方案，可以获得人才、资金和资源。接下来，该用什么样的招商方案在全国建立起分销渠道呢？

### 建立渠道的两种方式

一般来说，建立渠道有两种方式：直营和加盟。

比如，西式快餐企业麦当劳已发展到了120多个国家和地区，目前在全球的分店数量和规模都非常庞大，说明它的经营理念和制度体系是成功的。

麦当劳是招商成功的渠道型标杆企业，大部分的分店都采用直营方式，这是因为企业对分店拥有极强的管控能力，全球几乎每一家直营店都受到总部的管控。

经营过连锁企业的人知道，连锁型企业遇到的最大问题之一就是人力资源的问题。如何源源不断地培养出人才，尤其是合格的分店管理人员是每家连锁型企业都要思考和解决的问题。

在这方面，麦当劳的全方位培训计划堪称行业中的佼佼者，凭借多年来行之有效的培训系统优势，被特许人可以不断地得到总部提供的专业培训，使得其经营水平不断提高。

经过一系列的专业培训后，被特许人能够系统化地掌握一个合格的餐厅经理应具备的技能，以更好地经营麦当劳的分店。

但是，麦当劳只是个例，它的这种运营模式其他企业很难模仿。这是因为绝大部分的企业并没有麦当劳那样强大的资金实力，同时也没有足够的管控能力，这就不能保证每一家分店维持同一水平的产品质量和服务质量。

除了麦当劳之外，来自安徽的中式快餐连锁品牌老乡鸡，也是一家24小时营业的快餐企业，它跟西贝一样都采用直营的模式。尽管这两家餐厅的客流量较大，但总体来说，还是需要一定的贷款来支持发展，这是因为直营模式所需要的运营成本太高了。

因此，在如今的商业环境下，直营模式并不适合企业快速发展。如果你想快速地在全国乃至全球建立起市场分销渠道，我认为，直营的模式并不可取。

可能有人会认为，只要打造好一家直营的样板店，把摸索出来的经验总结后，再复制出去就可以了。这个想法很理想，可是现实往往很骨感。因为即使你能保证南京这家样板店获得成功，也不代表把它复制到哈尔滨就能够成功。

经营一家店的思维和经营一千家店的思维，是两套截然不同的体系。

经营一家店时，研究的对象主要是产品、价格和服务，但是当经营一千家店时，研究的对象就不再是单个的环节，而是整个运营的体系，尤其是供应链的体系。

我认为，经营连锁型的企业，可以没有样板店，但必须要有打造样板店的体系！不能理所当然地认为，只要不断复制样板店，就能够在全国遍地开花，这是非常错误的想法。

说到这里，可能你会说：既然直营模式这条路走不通，就选择以加盟的模式开店。但是我认为，纯加盟的方式也是不可取的，最终会导致“连而不锁，体外循环”的局面。

既然直营的方式很难模仿，纯加盟的模式也不可取，那么，哪一种模式才真正适合我国的中小型企业招商呢？哪一条路才是真正的解决之道？关于这部分的内容，我会在后文为读者详细解答。

### 设计招商的闭环

成功的招商一定是闭环的，只有闭环的系统，才能确保发展都在企业的掌控之中。

要打造招商闭环，最重要的是考虑三个要素：人、产品和生活。即，在打造招商闭环时，必须围绕人、产品、生活这三个要素展开。

具体来说，可以转化为以下几个问题：

(1)什么人才会对我们这门生意或者这个项目感兴趣？因为只有连接了对的人，才能选对赛道，接下来的所有工作才有意义。

(2)跳出产品的概念进入经营顾客生活的更高维度。关于这一点，前文已阐述清楚，这里就不再赘述了。

(3)设计宽阔的价格带。设计招商方案时，还要把握一个核心：价格带。因为招商是全方位、宽领域、立体化、快节奏的企业行为，为了达到全方位、无边界的目的，招商人员一定要把价格带设计得非常宽阔，才能吸引到各种类型的投资者。

只有让人人都可以参与进来的生意和项目，才能称得上是好的生意和好的项目。因此，既要制定较低的招商价格吸引普通的代理商加人，又要制定较高的价格让有资金实力的企业和个人积极参与，获取更多收益。

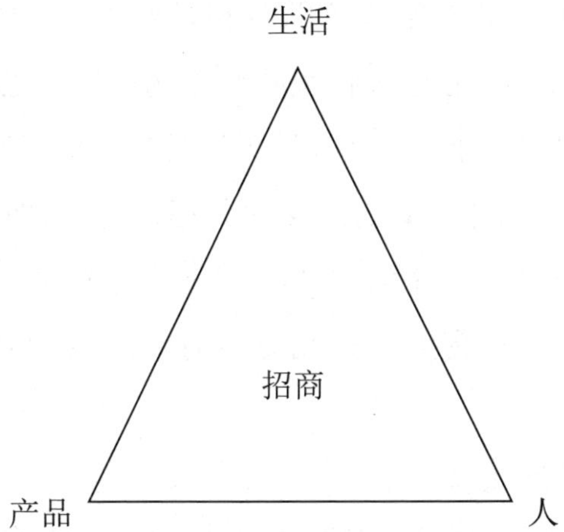


图 6-1　招商闭环三要素

## 招商就要让代理商获利

代理商跟企业合作后，怎样获利？一般而言，代理商可以赚到五笔钱。

**第一笔，零售产品的差价**

比如，某个产品的出厂价是 100 元，零售价格为 200 元，代理商每卖出一个产品就可以赚到差价 100 元。

**第二笔，代理产品的差价**

比如，某个产品的出厂价是 100 元，零售价格为 200 元，如果你是省级代理商，你可以用 100 元采购该产品，而一般的代理商则需要用 150 元采购该产品。

由于一般的代理商是向省级代理商采购这个产品，所以你就能赚取每笔 50 元的产品代理差价。

**第三笔，赋能费、培训费、孵化费等**

如果你有自己的团队，总部还会给予代理商赋能的费用（如培训费、孵化费等）。而从你开始，你的团队成员销售产品所产生的业绩，总部也可以给你分润，但是这个利润分配比例一般由总部制定和核算。由于各行各业的利润空间不一样，利润分配的情况也会不一样。

比如，当团队的销售业绩达到某条目标线时，总部会额外奖励你利润的 1%；当团队的销售业绩达到高一档的目标线时，总部会奖励你利润的 2%；当团队的销售业绩达到更高时，总部会奖励你利润的 3%……以此类推。

**第四笔，定额分红**

定额分红其实是一种变相的奖金。比如，你把团队里的某个成员培养起来，成为跟你同一级别的省级代理，那么这个时候你就挣不到他的业绩提成了，但是总部会另外支付一笔定额的分红给你，作为培养团队的回报。

一般来说，获得分红权利是有条件的。被你培养起来的这个代理商，他每个月的业绩需要达到一定的标准，你才会享有分红的资格。

**第五笔，股权溢价**

如果未来企业上市了，那么总部也会送你一些股权，依据彼时估值的市盈率，拿到的钱与估值市盈率的倍数相关联。

在这五笔钱当中，代理商一般可以赚到前四笔钱。而对于第五笔钱，虽然企业未来能否上市还是未知数，但是梦想总是要有的。因此，设立第五笔钱也是非常有必要的。

当然，在招商时，不必过分强调企业上市所带来的收益，可以一带而过，这样反而会使代理商更加相信。但需要注意，上市时的股份分配和占比必须要提前跟代理商说清楚，以免后续产生不必要的矛盾。

图 6-2　代理商可以赚取的五笔钱

要吸引代理商与自己一起创业，正确的沟通技巧必不可少。

所谓“普通创客看产品，高手创客看模式，顶级创客看人”。其中，“看人”指的就是要展示出自己的优势。

因此，找准代理商，对企业的招商工作是非常重要的。

## 05　让客户占便宜，让推广人获利

怎样让客户占便宜，让推广人获利？有以下几种方式。

### 推荐与裂变

首先，设计出使老客户裂变的方案，使其成为合伙人。

其次，再设计出合伙人推荐会员的方案，把这个方案导入合伙人的副业当中，带动主业和副业的发展。

比如，某顾客成为一家美容院的会员后，她可以享受到充值 3 万元成为这家美容院合伙人的资格。除了享受到这家美容院当年的分红之外，她还会享受到各种优惠。

另外，她还会获得招商的资格。如果她希望能够得到较高的分红，需要推荐更多人成为美容院的会员。

这就是通过高级别推荐、低级别裂变的方式，由合伙人推荐会员，会员推荐 C 端顾客（用户/消费者）。由于这种方式是以强关系为切入口，招商的效果会更佳。

在招商过程中，尤其是在推销顾客成为会员的过程中，一定要通过强关系捆绑客户进行裂变。

### 设计返还的合作机制

在招商过程中，还可以通过把客户沉淀在私域流量池（即俗称的“鱼塘”或者特有的渠道）中产生裂变。

这种裂变的操作方式大致如下：

第一，设计进入门槛儿的费用；

第二，设计每一年的费用；

第三，设计返还机制。

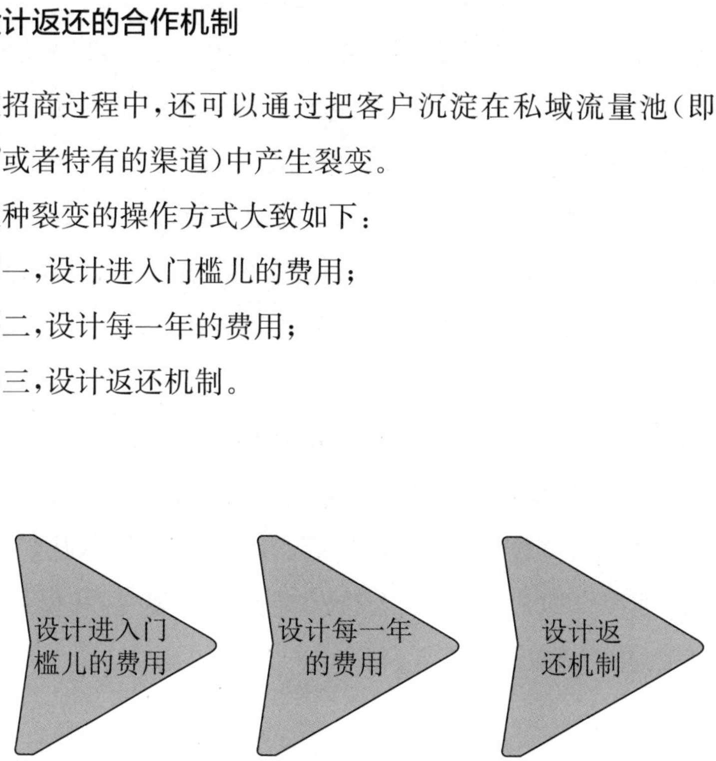


图 6-3　裂变操作方式

举个例子，某投资者想代理某个产品，企业可以把代理费设定为 2 万元，年费 5 000 元，可返还。

代理费返还是指，如果这个代理商跟企业签约 3 年，3 年内的销售额累计超过约定的目标金额，那么企业可以返还 2 万元的代理费。如果 3 年之后，双方继续签约合作，返还的金额就可以直接支付给代理商。

而年费的返还，是指企业可以把返还的条件设置达到一定的目标金额，或者为企业招募一定量的会员，如果代理商达到了这些目标，则第二年的年费可以免收或者返还。

这种招商的逻辑值得借鉴，当代理商完成了设定的条件，可以通过返还年费或者返还其他费用的方式，提升其积极性。

返还的具体机制需要根据企业的实际情况而定，可以采取一次性返还的方式，比如，首年免收返还；也可以采取阶段性的返还方式，即每年设立不同的条件，只要代理商达到条件即可返还。

说到这里，你或许会问：传统的返点政策为什么行不通呢？这是因为有些人成为代理商之后无所作为，对企业的贡献不大，当企业把代理费返还给他之后，他更加不在乎需要完成多少业绩，这样一来，使传统的返点政策起不到激励作用。

因此，应该先设定好代理商条件，即达到一定的销售额，才会得到相应的利润，有了利润才能返还代理费，这是基本的设计思路。

当然，对代理商来说，他可以选择返点，也可以选择不返点。

当深度地捆绑客户之后，才会带动会员进行裂变，获得后端的盈利，其他意向者才会愿意与企业合作。

### 让利顾客

当顾客享受到低于市场的价格，合伙人享受到销售提成，“鱼塘”也获得足够的人气，这就形成了三方共赢的局面。

比如，某化妆品企业每获得1万元的利润，可以考虑给建立“鱼塘”的人（渠道商）2 000元（即20%），给合伙人5 000元（即50%），给顾客1 000元（即10%）。

很多时候，在设计招商方案时，往往只想到了建立“鱼塘”的人和合伙人，并没有想到顾客，其实只有打通顾客这个渠道，才能形成完美的闭环。如果顾客在这个过程中没有获得任何利益，这种合作还是无法成功的。

举个例子，理发店本来是销售洗发水最好的渠道，但是为什么理发店销售洗发水的效果远不如超市呢？这是因为理发店销售的洗发水价格比较高，而顾客更倾向于选择高性价比的产品。

因此，如果理发店要销售洗发水，就必须要拿出更优惠的价格，这就是让利给顾客。

在设计招商方案时，一定要让顾客感受到：在“鱼塘”购买产品，比在其他渠道购买产品更便宜。否则，即使提成再高、推广的人员再多，也无法把产品推销出去。

“让顾客占便宜，让推广人获利”才是设计方案的核心。

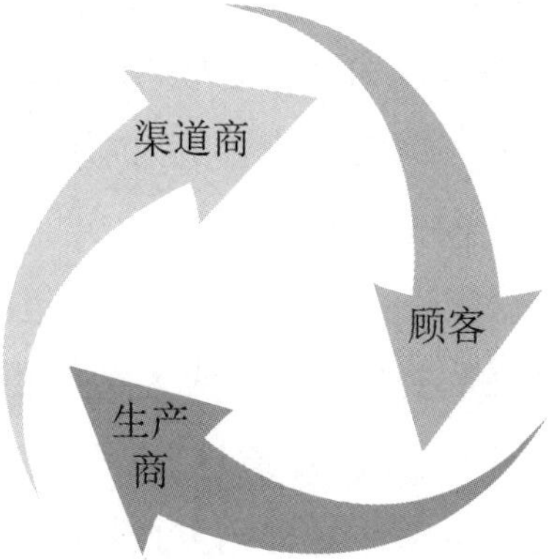


图 6-4　缔造三方共赢的局面

## 剔除无用的中间商

传统的销售渠道基本是由工厂、省级代理、市级代理和门店组成。如果工厂卖一双鞋，出厂价是 200 元，那么批发给省级代理后，省级代理就会把价格上调 10％之后再批发给市级代理，市级代理又会把价格上调 10％之后再批发给门店，门店为了赚取利润，也会把产品的价格上调10%之后卖给顾客。

经过层层加价，这双鞋在门店的销售价比出厂价提高了很多，而作为生产商的工厂与作为终端销售的门店，利润都不高，很大一部分利润都被中间商抽走了。

因此，要想改变这种方式，把中间商全部剔除，让工厂直接跟“鱼塘”或者客主进行合作，实现新零售模式。

剔除无用的中间商，让利给顾客，由厂家直接提供产品，这种合作模式也是微商采用的合作模式。

接下来，看看微商是怎样操作的。

假如一瓶化妆品的售价是200元，那么代理机制一：用户投入1万元，成为平台的客主，每卖1瓶化妆品，可返现100元。

代理机制二：用户投入5万元，成为平台的合伙人，每卖出1瓶化妆品，可获得返现130元。同时作为合伙人，其所有代理商每人每天卖出一瓶化妆品，需要额外向他支付管理费20元。

由此可见，客主关注的只是产品的销售，通过获取产品的差价来获取利润，这是比较简单的方式。而合伙人关注的不是产品，而是“找人”，他不需要天天推销产品，而是通过“三三裂变”，即每个月找三个人，通过他们裂变为九个人……这样的方式来搭建销售的渠道。

假如这个合伙人找到了1 000个创客，每个客主每天卖1瓶，每天总共卖出1 000瓶，而1 000瓶的管理费就是2万元，也就是说合伙人的日收入就是2万元，月收入是60万元，年收入就是720万元。

从每月工资5 000元到月收入60万元，这不仅仅是质的飞跃，更是火箭升空般的冲刺。

合伙人愿意推广，不仅在于收益高，更重要的是后面还有持续性的收入，这就使创业的风险变得很小，一般人都能够承受，这也是微商模式成功的关键。

## 06　裂变是企业营销的核心

企业的营销在于渠道，渠道的营销在于裂变，裂变是企业营销的核心！

招商有一句话：一推三裂变，指的就是一个加盟店要裂变出三个加盟店，一个代理商要裂变出三个代理商，一个合伙人也要裂变出三个合伙人。有了裂变，企业就有了持续生存和发展的条件。

我曾经帮助一家生产不锈钢的企业招商，这家企业属于传统的制造业，毛利润很低，只有3%。企业的生意原本很红火，后来由于种种原因，生意逐渐没落，工厂也近乎停产，只有一台机器还在生产塑钢窗，整个企业陷入了困境。

这家企业跟我合作后，我实地考察他们的工厂，发现企业的销售方式主要是以直销为主，效果很差，而且好几个月没有给员工发放工资，导致员工的士气也很低落。

在这种困境之下，我深入分析了企业面临的种种情况，梳理了企业整体的发展思路，并且重新策划了招商方案。经过一个月的筹备，我们在第一次举办招商沙龙时就取得了成功，现场收到代理款项66万元，一下子解决了企业的燃眉之急。

后来经过不断发展，这家企业现在举办招商活动不仅没有免费，而且还收门票费 99 元，但是依然座无虚席。

### 背离行业的本质注定被淘汰

再举个例子，韩寒打造的“很高兴遇见你”餐厅是文创加餐饮的典型代表。自从第一家店诞生以来，因为头顶光环，不断地跑马圈地，所以在一年时间里，新开门店的数量就达到了 30 多家。

然而，这家餐厅离 IPO 的梦想还是很遥远，在多店面、多品牌的扩展策略下，企业缺乏对主要员工进行培训和管理，导致人力跟不上。另外，由于急速开店，也导致了产品的供应链不完善，使企业陷入了一连串的负面新闻当中。最终，“很高兴遇见你”餐厅不得不以关门告终。

还有一个例子就是曾经红火过一段时间的“雕爷牛腩”。这个品牌创立于 2012 年，与其说是一家餐厅，不如说是一家以互联网思维进行营销的企业。在 2013 年雕爷牛腩红极一时的时候，其估值一度高达 10 亿元。

雕爷牛腩之所以能火起来，主要是定位于“轻奢餐”，以及在装修上、菜品上噱头十足。为了凸显定位，雕爷牛腩只做 12 道菜，更宣称制作牛腩的秘方是向周星驰电影《食神》中的原型人物——香港食神戴龙以 500 万元购得，这个噱头让无数人记住了这家餐厅的名字。

此外，切牛腩的刀是采用大马哥式的刀，炖牛腩的锅也拥有专利，企业还邀请了明星代言，一时间雕爷牛腩风头无限，吸引了无数食客。

可是，餐厅始终是餐厅，脱离不了餐饮的本质，如果一味追求网红美食的意义是“晒”而不是“吃”，则背离了餐饮的本质。餐厅能活下去，不是营销说了算，而是产品说了算，归根结底还是以菜品的质量和高性价比决定。

最后，当新奇的营销体验变得不再新奇时，即使是最好的牛肉、最好的刀、最好的大米，还是最好的锅，但背离了餐饮的本质，脱离了用户思维，也没有裂变，也是难以为继的。

## 裂变赋予企业顽强的生命力

曾经风光无限的品牌富贵鸟，曾经四次夺得“中国真皮鞋王”的荣耀。在企业发展最辉煌的时候，全国拥有 3 000 多家门店，创始人林和平更在 2007 年的胡润百富榜单上凭借 50 亿元资产排名第 148 位。

2013 年，富贵鸟在港交所上市首日，市值高达近百亿港元，可谓万众瞩目，风光无限。而此时的富贵鸟错过了电商带来的最好营销时机。随后，富贵鸟开始转移注意力，投资到其他方面，未能集中全力巩固阵地。2019 年 8 月，富贵鸟在港交所正式退市。

有句话说得很好：时代抛弃你的时候，连招呼都不打一声。

不管你曾经是多么的声名赫赫，多么的辉煌，也不管你的品牌策划多么到位，更不管你的营销手段多么新颖，只要背离了商业的本质，没有抓住最好的时机进行渠道的裂变、建设和巩固，那么很快就会被时代的巨浪吞没。

反观沙县小吃，网点多，味道、价格都相当“接地气”，因而表现出顽强的生命力。无独有偶，兰州拉面也是如此，完善的店面网络广受食客欢迎。

产品和营销对企业来说很重要，但是懂得裂变和巩固营销的渠道更重要！促使渠道裂变的核心，在于对投资者回本方案的设计，帮助投资者回本是快速裂变的动力。因为对于所有的投资者而言，对回本的需求大于对提成的需求，投资者追求回本的动力，也远远大于追求提成和收入的动力。

# 07 创业型项目和投资型项目的渠道模型

招商项目一般分为两种类型:创业型和投资型。

无论是创业型项目,还是投资型项目,在设计招商方案时,都要包含五个方面,分别是加盟费、保证金、管理费、开业设备、产品。

## 创业型项目

在渠道模型中,如果企业的运营能力特别强大,资金也十分充足,如宜家家居,采用直营的模式会比较适合。

如果企业的运营能力很强大,运营团队也很完善,但是资金实力不算很雄厚,如海澜之家,这类型的企业可以采用直盟托管的模式。

如果企业的运营能力不足,运营团队也不完善,同时资金实力也不算雄厚,这类型企业可采用纯加盟的模式。

总之,企业的经营者要根据自身的级别决定企业的运营模式,而不是生搬硬套。

很多创业型的项目在招商时,都以购买开业设备来赚取加盟商的钱,其实这并不可行。因为现在的设备已经没有了壁垒,如果企业想从设备上赚取加盟商的钱，会导致加盟商与企业在合作初期出现离心的情况，这会给企业的长久发展带来隐患。

在这方面，瑞幸咖啡旗下的独立品牌“小鹿茶”做得比较好，值得借鉴。

“小鹿茶”是面向全国招募运营合伙人，这种方式跟大部分的加盟模式有较大的区别：

首先，分工方式有一定的不同。在分工上，运营合伙人跟“小鹿茶”总部之间有明确的分工，有明确的责权利。运营合伙人负责门店的选址和装修、产品的制作和交付，而“小鹿茶”总部则负责品牌的营销、顾客的拓展、供应链的管理、数字化运营系统的开发和迭代等其他工作。

其次，在加盟费的收取方式上也不同。“小鹿茶”号称“0 加盟费”，并且提倡与合伙人共担风险，即合伙人在没有达到预定盈利水平之前，“小鹿茶”不会收取任何加盟费用，“新用户首杯免费”的成本，也由“小鹿茶”承担。而当分店实现盈利之后，“小鹿茶”才会按照不同的盈利范围收取不同比例的利润。这样大大降低了加盟商的风险，并形成了加盟商与企业共命运的机制，这种风险共担的方式对企业可持续发展起到了积极作用。

### 投资型项目

对投资型的项目，以名创优品为例加以阐述。

#### 名创优品的发展之路

2013 年，湖北省企业家叶国富与日本青年设计师三宅顺也合作创立了名创优品。同年 9 月，名创优品“中国一号店”在广州开业，随后在深圳、上海、北京、沈阳等城市落地开店，成功打开了中国市场的大门。

2019 年,名创优品在全球的门店突破 4 200 家,估值达到 150 亿元,还获得了腾讯和高瓴资本的战略投资 10 亿元。

2021 年 12 月,名创优品的官方数据显示,全球门店的数量突破 5 000家,被无印良品、优衣库、屈臣氏列为“全球最可怕的竞争对手”。

名创优品的成功说明,要想在招商上获得成功,除了需要累积经验之外,还需要把招商的行为常态化,不能只靠举办一次招商会就想取得成效。

不断地把招商的思维和行为贯彻到企业中去,成为企业日常运作的一部分,持之以恒,才能获得成功。

**1. 名创优品成功招商的动作**

(1)第一个动作:对品类进行梳理。

名创优品对原本多而杂乱的货品进行了梳理,严格管控货品出入的流程,保证了门店销售货品的质量,同时还完善了对货物的追踪。这些措施大大提高了门店的运营效率,也维护了企业在消费者中的口碑。

名创优品认为,门店销售的产品品类不能过多,过多则会影响招商的效果,同时也影响消费者的观感。

同时,门店也要具备五大类产品:

第一,入门产品。它可以积攒人气,吸引更多的消费者成为会员。

第二,常规产品。它用于证明企业的实力,向消费者表明:竞争对手销售的产品,这里也有。

第三,特色产品。这是企业进行差异化经营,建立起独特定位而不可或缺的产品。

第四,大额产品。大额产品也是高利润产品,这是专门用来服务 VIP 客户的,是企业销售收入重要的组成部分。

第五,外卖品。不要小看外卖品,外卖品的多少关系着门店的销售额能否增长。比如，一个 30 平方米的小店面如何服务 1 万个客户，甚至 10 万个客户？这就需要依靠外卖品来增强门店的服务体量。

（2）第二个动作：直盟托管，使店长成为股东。

这里说的股东即合伙人，用一句简单的话概括，就是“合在一起，成为一伙，成为命运共同体”。

合伙人关系与雇佣关系相比，特点十分明显：它会使企业更趋扁平化，而扁平化的架构使企业的运作更加顺畅、更有效率；同时，也促进了关键岗位的人才对企业更有归属感。

因此，把店长培养成股东，让他们在企业平台上创业，既能留住他们，也树立起榜样，吸引更多的人才加入。

（3）第三个动作：使用代销模式。

跟海澜之家一样，名创优品不负责生产，只负责销售，它销售的货品是由工厂直供，这使名创优品能更加集中精力在货品的营销上。

（4）第四个动作：提升颜值。

名创优品的颜值体现在店面的设计上。名创优品对门店的装修设计细致入微。为使门店能够充分展现出货品的魅力，以及营造一个轻松愉悦的购物环境，名创优品专门聘请日本知名的装潢设计师对门店进行设计，使门店店面风格高级而不失简约。

其次，名创优品销售的产品可以归纳为三个特点：时尚新潮、品质出众、性价比高。产品的这些特点，为名创优品脱颖而出提供了助力。

（5）第五个动作：快速开发全国连锁加盟店。

尽管受到市场变化影响，但名创优品丝毫没有放慢开店的步伐。它在 2020 年新增的门店数量累计达 303 家，海外业务也拓展至冰岛和葡萄牙。其中，2020 年第四季度新增门店 184 家，占全年新增门店总数的 60%。2020 年下半年，名创优品更加快了在海外市场的扩张速度，先后在加拿大、美国、尼日利亚、印度、哥伦比亚等国家开设新店铺。

截至2021年12月31日，名创优品在全球近90个国家和地区开设了5 045家门店，其中在中国市场有3 168家，海外市场有1 877家。

(6)第六个动作：加强线上营销。

名创优品虽然在线上的营销起步较晚，于2017年开始布局线上业务，但这无碍它线上业务的急速发展。它采用了新社群营销模式，借用微信生态圈的营销能力，将微信社群作为与会员、粉丝沟通的渠道，通过小程序提供刚需产品，吸引消费者购买。

特殊时期后，名创优品进一步加强了线上营销的功能。比如，员工可以在线上直播带货等。

同时，名创优品还与饿了么、美团、京东等平台合作推出无接触配送服务，并且与顺丰合作推出同城急配服务，快速将商品送到消费者手中。这些手段让名创优品即使面对剧烈的市场变化，业务仍然能够快速增长。

**2. 名创优品的分红机制和管理机制**

名创优品的分红机制和管理机制可以分为五个部分：

第一，它做到每日结算，保证分红第二天到账；

第二，对店长和店员进行大量的培训，使店长更趋本地化；

第三，让员工赚取1.5倍的工资，但是设定1.2倍的工作指标；

第四，门店零库存，库存全部由总部承担并转化；

第五，联营分钱机制，总部和加盟商按照销售额62%和38%的比例分成，扣除固定成本后，加盟商的利润约12%至15%。

让名创优品取得成功的因素还有很多，归根结底，还是在于名创优品创造了一种模式，而这种模式的本质就是以直采自营、高性价比的方式赢得了消费者的垂青。

# 引子：走进招商

**传统企业重资产、重运营、重管理，新商业企业轻资产、轻管理、重品牌。传统商业以产品为核心；新商业以人为核心，产品只是用来连接人、与人发生联系的工具。**

**——王昕**

企业的经营者只有用天网、地网、人网“三网合一”的方式引爆思维，进行招商，才能适应现今的社会发展。

我看到很多传统企业的经营者在打造“天网”遇到困难时，以自己不懂、事情太复杂，甚至以自己企业不适合利用“天网”来宣传为借口进行逃避。其实，利用新媒体宣传自己，扩大自己的影响力已经成为如今招商的标配。

微商之所以能够崛起，是因为他们懂得利用新媒体的力量传播自己，扩大自己的影响力。以前很多企业都轻视微商，认为微商泛不起什么波澜，也不会有什么效果，可是时至今日，很多微商的营业额和影响力超过了一些实体企业。

## “天网”是打造企业品牌的重要手段

传统企业重资产、重运营、重管理，新商业轻资产、轻管理、重品牌。

之所以要“重品牌”，是因为现在的商业环境跟以前相比，发生了很大的变化。

产品的质量已经不再是企业之间主要的竞争点，而是变成了企业生存的标配。加上同质化的产品越来越多，导致竞争越来越激烈，使得谁能进入顾客的心中，谁就能获得顾客的青睐。而这背后的根源是品牌是否具有强大的影响力。

作为打造品牌的主要手段，“天网”的搭建和传播工作应是每家企业日常工作中的重中之重，企业经营者一定要重视起来。

比如，在搭建新媒体的运营部门时，至少需要一个或几个视频剪辑团队来制作不同的视频，传播企业的影响力，这些人员等同于企业拥有一个或若干个强而有力的销售团队。

制作部可以获得30%的提成，商业转化部可以获得70%的提成，再设定一个奖金激励机制，这就构成了“天网”的奖励机制。

很多企业经营者只懂得花钱投入抖音、今日头条等平台，然后碎片化地做一些宣传，却不懂得利用各具特性的新媒体组合出新的立体化的宣传策略。

## “地网”是企业得市场的根基

至于“地网”，商业中有一句话“得实体店者，得市场”，所以一定要守护好“地网”这块阵地，使企业与更多的实体店发生连接。

这里说的连接，指的不是返点，而是赋能。

企业应通过自身品牌的影响力，优化商业模式，通过有效的运营方式向实体门店赋能，以带动招商。因此，构建“地网”的核心在于赋能。

顶层设计的方案，融资的IPO计划，门店的合伙协议，合伙人分配计划，线上的社群运营，以及品牌营销、新媒体宣传，这些都属于“赋能”的范畴。当这些方面结合在一起，会爆发出巨大的能量，能加速渠道裂变。

比如，蜜雪冰城冰激凌、茶饮，售卖的产品价格基本都在10元以下。虽然产品的售价不高，但是这家企业的品牌估值达200亿元。这么高的估值源于这家企业有自己的一套方法——建立了中央工厂，拥有5万平方米的自动化生产车间，以及2万平方米的服务物流配送中心，并构建了稳定的供电体系，这为门店顺利运营提供了有力的保障。这是企业对门店赋能到位，也是其成功的秘诀。

说到这里，作为企业经营者的你，必须要进行深入的思考：“我”的企业是否已经组建了属于自己的赋能体系？

未来，无论哪一个企业，都要建立起自己的教育培训公司，为自己赋能。形象地比喻，赋能就像为企业制造血液一样，只有让企业得到血液的滋润和充足的养分，才能焕发出勃勃的生机和商机，整合和建立更多的实体门店。

## “人网”是企业的蓄水池

很多服务型的企业都通过收取会员费获取利润，会员可以说是一家企业的流量蓄水池。

但是，这里说的会员并不只是持有会员卡的人，而是以社群为单位，具有社交行为和情感连接的人。在这里，会员是一个广泛的概念，连接的是社群的营销。

企业在招商时，不仅要锁定精准的客户，而且还要瞄准更大的市场。因此,在招商时,要学会研究、琢磨微商的招商思路。

当然,企业可以不采用微商和新零售的具体招商方法,但是必须要学习和借鉴其背后的招商策略和原理,这里需要谨记三个要点:

(1)方案不能固化,要根据市场情况来决定;

(2)设计方案时,理由比内容更重要;

(3)企业卖的是身份,而非产品。

企业要不断地跟代理商强调一个思维:代理商与企业(厂家)不是对立的,而是站在同一阵线的合作伙伴,双方有共同的目标,就是一起在市场上赚取利润。

## 招商的路径

当企业有了"全网"的概念,打通了"全网"的思维,才能进一步引爆招商的模式。

无论企业的规模是大是小,都应该以集团化的运营为设想。当把企业的架构拉开时,每个部门、每个小组、每个项目,甚至每个人都能成为一家企业,而正是这些"小企业"打破了固有架构,合力推进了整个大企业的向前发展。

同时,企业的框架要落地,规划好的方案也需要执行,这就靠企业建立的铁军团队实施,可以说,铁军是保证企业迈向成功的必要力量。

简而言之,招商的路径可以理解为:

引爆招商——招商方案——招商铁军。

企业必须先开放自己的思维,接受新的事物,才能更好地理解招商方案、设计方案。当方案设计完成后,交由铁军团队实施和执行,再安排举办招商会等各项细节。

07

第七章

# 走进招商
# ——引爆产品

**招商就是从“1”裂变到“N”的过程，因此必须从打造“1”（标准化、流程化）开始，再复制到“N”（招商会，沙龙会）招商流程。**

**——王昕**

## 01　八个主题词之“提速”“切入点”

2020 年，对很多企业而言是一个非常重要的节点。

虽然有些企业没能经受住困境的考验而倒闭，但也有不少企业能够在这一特殊时期生存下来，甚至还有企业出现逆势增长、快速发展的情况。

相信在经营环境开始好转时，这些企业会进一步得到发展，甚至壮大。

因此，我认为，2022 年和 2023 年是非常重要的两年，可以称为“跑马圈地”的两年，是对企业的重要战略进行重新布局的两年。

对此，用八个主题词来形容企业在未来的发展态势。

### 主题词一：提速 2022，战略 2023

为什么说“提速 2022”？现在，我们赶上了一个很好的时代，社会的发展欣欣向荣，营商的环境越来越好，营商的条件也越来越成熟，法治的精神也越来越得到彰显，加上互联网的技术的突飞猛进，尤其是移动互联网使人与人之间的联系更加紧密，市场的信息瞬间就能传播出去，这些都成为企业发展的利好条件。

如今企业的招商工作并没有纯粹的线上、线下之分，很多企业在招商过程中，都会采用线上与线下相结合的方式。我认为，如今线下的竞争会比以前更加激烈，因为现在不少行业受到市场变化的影响，为原本弱势的企业带来了新的发展机遇。

提出“提速 2022”这个关键词，旨在告诉大家，2022 年非常重要，时不我待，企业应该快速对全国的市场进行布局，否则会落入“一步差，步步差”的局面。

同时，应该尽早为 2023 年招商工作做好准备，因为 2023 年也是一个重要的节点。从消费互联网到产业互联网，包括国家的乡村振兴战略，其实都是在打造一个大的闭环，在这个闭环里充满着各种机遇。

传统的企业在两三年之内，如果不把根基打牢，可能就会丧失未来发展的主动权。因此，当下所做的一切都可以为三年后的招商工作提前准备。

什么是战略？我简单概括成八个字：站高为谋，降维施略。

意思就是只有站得高，才能纵观全局；只有纵观全局，才能知道当下要做什么事情。当然，除了纵观全局之外，还有一个目的，即有效地进行下一步的战术打击——降维施略。

“降维施略”与“降维打击”是同一个意思，是一场复杂思维与简单思维的较量。企业经营者首先要找到精准的定位点，然后围绕这个定位点进行战略的布局以及制定有效的战术。

定位点的有效与否，如果用一个字来形容，就是“准”；如果用两个字来形容，就是“垂直”，即定位于某个领域，并且一定要做到垂直细分、准确明了、简洁易懂，让他人一听就能明白。

好战略是指宏观上要做到高瞻远瞩，要有全局的眼光，还要能够落地到使用的层面。比如，我们在谈生意时，为了能够让对方很容易地明白和掌握自己说的重点，必须把复杂的内容简单化，讲得简单、明白、清楚。

“今年过节不收礼，收礼还收脑白金。”史玉柱对“脑白金”确立的定位和宣传语令人十分佩服，准确、通俗、简单，深入人心。

因此，最好的战略定位点必须能够以三个字来衡量——听得懂。听得懂意思就是指别人能够很容易听明白。招商成功的关键就是要让他人听得懂，记得住企业和项目的特点。

我建议，企业经营者不仅要跑马圈地，而且要以最快的速度跑马圈地；不仅要以最快的速度跑马圈地，还要在这个过程中，清楚地让他人知道企业通过做什么来跑马圈地。

不少中小企业会花费巨资聘请“大师”给企业做定位，其实最清楚企业定位的人应该是经营者自己，下苦功把企业的招商理念研究透、总结好、讲明白，并不厌其烦地进行修改，最后提炼出既能准确反映企业的定位，又能让消费者一听就明白的一句话，就可以了。

### 主题词二：找到切入点

当企业确定提速的目标，找到了定位点之后，接下来要做的就是找到切入点。

何谓切入点？切入点即突破口。如果把解决问题看作是吃一个馒头，吃这个馒头时总会有最先咬的地方，这个地方就是切入点。

切入点可以用两个关键的字来形容：小、细。意思就是从小处入手，从细微处开始，凡是好的战略都是以小见大，层层递进的。

作为企业经营者，要认真地思考企业的招商渠道，如何搭建铁军，以及当下的招商工作不足之处，直至找到答案为止。

一个人如果没有深入思考的能力，就没有原创的深度。所有成功的人都善于深度思考，先从细节切入，然后把这个点琢磨透彻，再扩展到其他方面。

对企业经营者来说，制定企业自身的战略，就是从最精准、最易懂的招商工作开始，并且围绕招商的目的制定各种活动方案。

一般来说，企业在招商时，应该制定四套方案：

第一套，顶层商业模式；

第二套，中层渠道方案；

第三套，底层门店体系；

第四套，招商结果设计。

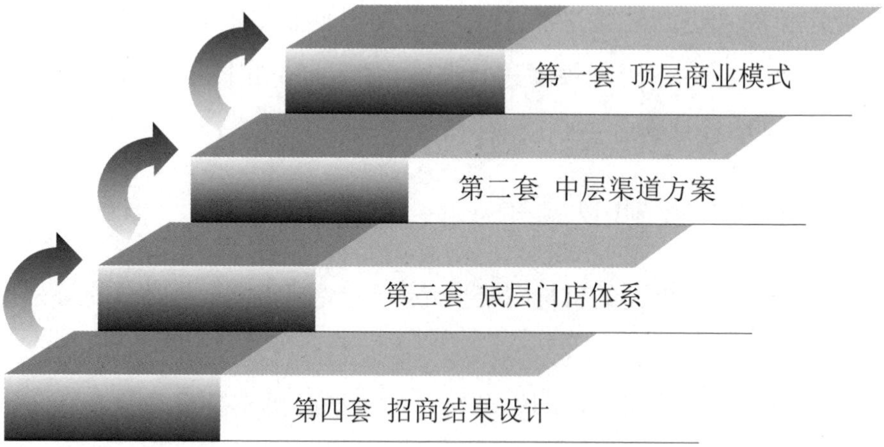


图 7-1 招商需要设计的四套方案

同时，企业在设计招商会流程时，应包括会前、会中、会后的细节，然后把流程通过文字版本或手册版本呈现。

图 7-2　招商会流程

招商会一般都是付费会议，因此会前的分工、动员，设计邀约方案，设计沟通技巧、人员准备、目标分解、宣发推广、物料准备等，都要做得十分专业。

会中则包括流程、招商内容，以及根据企业的 VI、CI、logo 设计、颜色标识等制作 PPT 和各种宣传海报。无论是上场音乐，还是主持人、嘉宾的着装，甚至是演说的内容和技巧，都要经过专业人士的设计。

会后，企业还要跟进招商的成果，包括跟进回款的到位，同时做出复盘，总结一套可以持续运作的体系。

这套体系的内容包括对招商铁军的激励、打造、训练和考核，包括确定招商铁军的提成和竞争机制，包括内部员工的裂变和提成机制等，从而形成一整套招商工作方案。

# 02 八个主题词之“战略”“支撑点”“投资和回报”

## 主题词三：制定战略

商场如战场，谁能抓住先机，谁就有可能胜出。而如何把先机变成战果？靠的就是制定有效的战略。

战略这两个字往往决定着后续很多的成果转化。正因为战略非常重要，所以制定战略时需要深思熟虑，绝不能草率为之。

无论企业的规模大小，都需要思考如何让自己的企业走向社会的“主流化”。不管企业身处哪一个行业，经营者都必须认真思考一个问题：如何让自己的企业在行业内或区域里成为具有特色的标杆，被大众、资本、媒体和政府所关注。

或许，很多企业经营者现在还没有这个意识，但是一定要训练这样的思考能力，思考如何让自己的企业具备更大的影响力，思考企业未来如何做大、做强。

企业经营者应该勤于学习，看看成功的企业是制定了怎样的战略而取得成功的。

比如，当年淘宝成立时，就提出了一句口号“全球买，全球卖”，这简简单单的6个字就把企业的市场定位、战略、未来的发展方向讲得十分清楚，大众一看就能明白。

企业从哪里开始，走向哪里，跟企业的战略有很大的关联，因此，经营者必须要对企业进行清晰的战略。

从招商的维度分析，如何建立企业招商的区域市场，无疑是重中之重。不管企业从事什么行业、销售什么产品，经营者都要有明确的思路，要告诉代理商，我们是从哪里出发，在不同的发展阶段分别制定什么样的目标，这些表述一定要精确！

比如，企业是从三、四线的城镇开始招商，还是以省级为单位进行招商？企业制定这些战略时，要根据实际情况进行合理的规划，并明确地把这些战略思想传递给团队。这样才能做到上下一心，围绕着共同的目标去奋斗。

关于企业的战略方面，未来将会出现以下趋势：

**第一，定位中端或者中低端的产品将成为黑马。**

现在的年轻人不再盲目地追求品牌，更多的是寻找一些高性价比的产品。

把产品的价格定位在中低端，其实并不意味着自己的品质为中低端，反而是高性价比的一种体现。

如果能够在产品的颜值、包装、宣传的风格等方面下苦功，对标一线品牌，久而久之，顾客就会对你的产品产生高性价比的印象。

**第二，国货品牌有很大的市场发展空间。**

我认为，国货品牌将会是一个巨大的风口，因为购买国货品牌会增加人们对国家、民族的归属感。

## 主题词四：支撑点

虽然每家企业的架构不一样，但是支撑点，也就是发力点，是一样的，那就是我们常说的“团队”，我称之为“铁军”。无论企业制定的战略有多好，如果执行不到位，不能得到有效实施，都会成为海市蜃楼。

招商，需要团队支持、需要专业的思维，缺一不可。

企业最宝贵的资产是什么？人才！

企业经营者不仅要懂得用人、识人，更要学会“找人”，想方找到优秀的人才，因为找人比用人更重要，尤其是找到匹配特定岗位的人才，会起到事半功倍的效果。

企业经营者需要在寻找人才方面多下功夫，找到主动性强的销售团队，稳妥踏实的研发团队，勤勉耐心的客服团队，智慧激情的招商团队……正是这些团队，构建起企业立体性的铁军体系，这个体系包括企业经营者的左膀右臂，也包括整个企业的四梁八柱。

招商铁军给企业带来的价值不可估量，是企业实施战略的重要支撑点和着力点，所以打造招商铁军团队，是任何一个企业经营者都需要花费时间去落实的事情。

具有招商思维的企业经营者要懂得人性，懂得经营团队，这一点尤为重要。

如果你发觉身边没有得力的人，就要学会思考是不是自己的能力太强了，情商太低了，不懂得转换。

世界上并没有完美的人，每一个人有长处，也有短板，有优点的同时，也有缺点，所以我们不能要求一个人必须做到十全十美。对企业经营者来说，懂得包容是十分重要的。

当一个人能够满足用人的主要需求时，就要给予他充分的发挥空间和展现舞台，帮助他把优点发挥到极致。这就是“看人看全面，用人用一点”的道理。

### 主题词五：投资和回报

在招商的过程中，需要投资多少本钱、能够赚到多少回报、回本周期要多长时间，这些都是代理商最最关注的问题。因此，一定要在招商的 PPT 上讲清楚。否则，上台后一味地讲述产品的信息就是在浪费时间。

代理商最先考虑的就是获利的问题，所以一定要在投资回报和回本周期方面讲明白、讲透彻。同时也要讲清楚，作为代理商该从哪儿投资，又该从哪儿获利，如何做宣传和推广等。

这样做的目的就是要消除代理商的疑虑，为代理商的下一步行动做好铺垫。

比如，在一个城市开一家店面需要 100 万元，那么就要把投资的清单详细列出来给代理商看，包括租金、装修、厨房设备、加盟费、保证金、管理费、物料等各方面的开支。

把清单列出来以后，再做开店的回报分析表格，把投资分析和回报分析这两张表格作出对比，依次分析，最后得出结论：预计多少个月可收回投资的全部款项，年利润将会是多少元。

企业要为代理商推演一个大概的预期效果，以帮助他们更好地理解投资这个项目的各种情况。同时，还要学会换位思考，站在他们的角度去考虑问题，在设计方案的时候考虑到省级代理、市级代理、门店的返点等各种利益问题，不能只站在自己的角度去想问题。能换位思考的企业才是负责任的招商企业。

以我的企业为例，为了帮助所有客户日后能够进行独立招商、独立做规划，不仅在前期帮助客户招商，还会帮助客户打造招商铁军，遵循着“授人以鱼不如授人以渔”的原则，帮助了很多客户完成招商工作。

只有让企业建立好渠道、让渠道拥有客户、让客户满意，才能真正地做到“正面招商”。

我曾经遇到一个客户，他跟我合作之前支付了100万元给某定位公司，结果这个定位公司用了两个月时间只做出一句广告语，还因为受限于广告法而不能使用。当这句广告语修改好之后，这个定位公司又要求客户投入更多的钱在户外广告和电梯广告上。结果大笔钱投出去，收效甚微。

## 03　八个主题词之“项目的五大优势”

为了让招商的工作更加顺畅，要对招商的项目加以梳理，争取做到人无我有、人有我优的效果，从而凸显自己的五大优势。

这五大优势分别是：好用、好开、好做、好管、好赚，只有做好这些方面，通往成功的道路上才不会那么拥挤。

图 7-3　招商项目具备的五大优势

### 优势一：好用

不管产品是涂的、抹的、贴的、泡的、听的、看的、学的……企业经营者都要把产品的优势跟代理商和消费者讲明白，并且尽量对标一线品牌，以突出自己的产品质量，让消费者明白：用购买三线产品的价格去购买一线产品的质量，这就叫好用。

### 优势二：好开

这个品牌的加盟店好不好开？开拓市场是否容易？这些问题是每个代理商和加盟商最关心的问题，当中包含三方面的内容：

第一，企业（品牌方）对代理商或者加盟商有没有回本方面的帮扶；

第二，在加盟商开店的时候，企业提供的帮扶政策具体是怎样的，即在选址、配品、装修等方面有没有扶持；

第三，做这门生意能否使老顾客产生裂变，以带动更多的新顾客上门。

### 优势三：好做

一般来说，好的产品不缺普通的代理商，而是缺渠道的代理商。因此，在招商时，一定要跟渠道代理商讲清楚：企业为其提供哪些赋能，赋能的体系是怎样的。

### 优势四：好管

如何才能更加好地管理团队和门店？我认为，企业要尽量做到如下三点：

第一，有相关的管理软件；

第二，有自己的运营体系；

第三，有自己的顾问团队，能够把专业的内容讲清楚。

很多企业在快速扩张时，无法对门店进行有效的管控，主要有三个原因：

第一，员工的收入少，他们对企业没有归属感，不听指挥；

第二，企业经营者没有为代理商和合作伙伴持续地赋能，没有跟他们保持积极有效的互动和沟通，没有给予应有的关心，导致他们中途离开、“掉线”；

第三，企业在新媒体上没有持续造势，没有形成宣传上的势能，结果被后来者超越。

很多传统企业只擅长打地面战的宣传，而不擅长在网络上造势，致使宣传渠道单一，没有形成立体性的宣传体系，最后在市场上沉没。

相反，那些懂得利用新媒体持续为自己造势的企业，即使规模不大，也能成功地吸引顾客的注意力，使自己脱颖而出，成为传统企业强劲的竞争对手。

### 优势五：好赚

“好赚”的意思就是要清楚地告诉代理商或者加盟商：一年预计能赚多少钱、一个月预计能赚多少钱、这些钱是谁赚到了、怎么赚到的……

为此，企业要录制相关的视频，由已合作的代理商现身说法，目的是：

第一，通过第三者来讲述，使项目的说服力更强；

第二，通过无私的分享，促进学习共享的氛围。

这五大优势的背后，每一项都需要有图片、视频、文字、案例等内容来论证，所以招商的过程就是一个举证和论证的过程。

“先自说，然后成为他说，最后变成传说”，在如今这个时代，酒香也怕巷子深，不先自说就无法成为日后的传说。

当企业把这五个优势讲明白，就会清晰地认识到这五个优势其实是与卖项目有关，与产品本身的关系并不大。

传统商业是以产品为核心，新商业是以人为核心，产品只是用来连接人、与人发生关系的工具。

# 04　八个主题词之“六支持”“客户见证”

## 主题词七：六支持

“六支持”指的是选址支持、培训支持、设计支持、物配支持、开业支持和运营支持，这六大核心的支持措施堪称招商中的“六脉神剑”。

在这六种支持中，最重要的是选址支持和培训支持，企业对代理商的支持力度一定要大，让人相信，只要“心在一起，路就不远”了。

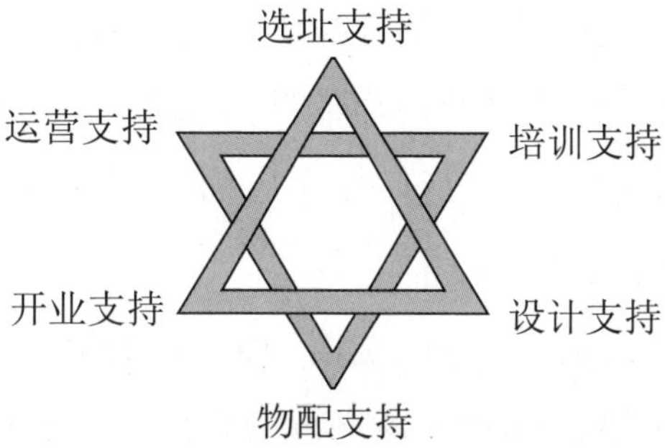


图 7-4　总部对代理商的六大支持

**1. 选址支持**

在这个六个支持当中，选址支持最为关键。

企业要开门店，就会涉及选址问题，选址是很有讲究的，经营者要学会举一反三。因为门店的位置不同，使客户人群的定位也不同，所以社区门店和路边门店是不能等同看待的，更不能直接照搬。

举一个大家都看得到的例子，像沙县小吃这样的小型餐饮，其经营者很少会破产倒闭；与之相反，很多看似规模很大，很上档次的连锁门店常常发生倒闭的情况。

究其原因，沙县小吃的成功在于小、轻，这正是企业未来发展方向和趋势。现在各行各业都流行“小”，比如，做医美的叫小医美，做餐饮的叫小餐饮。一道菜就可以做出一个品牌，比如，“鱼你在一起”，只做酸菜鱼，这就叫小餐饮。

同样道理，我们的门店也可以叫小门店。麻雀虽小，但五脏俱全。

门店虽小并不耽误做生意，这是得益于圈子电商的存在。每一个实体门店有 1 000 个会员，而每个会员的背后又有 1 000 个人际关系资源，这些都是门店隐形的资产、客户、渠道。

因此，门店的大小其实并不重要，相反，在选址方面我建议很多企业尽量开发小店面。

或许有人说，有些行业是没有办法开发小店面的，比如，摄影行业里的儿童影楼、婚纱摄影这些门店的体量就很大，拍摄设备也很多，往往需要几千平方米的店面才行。如果店面小，会影响门店的价格和档次，而且影棚的背景也需要经常切换。

这种想法有一定的道理，但是也不能一概而论。

我在帮助一个摄影行业的客户策划招商时，经过深入的思考和详细的考证，我认为对于一些摄影门店而言，可以考虑把拍摄中心和接单中心分拆。

比如，以一个城市作为一个中心，在城市的郊区专门开设一个拍摄基地，这个基地集拍摄、旅游、住宿、餐饮、主题活动、亲子活动于一体，形成一个独立的生态系统。

它既可以作为住宿的酒店，也可以作为一个拍摄的地方，还可以是一个旅游的风景点，甚至是一个游乐园……

把这些不同功能的板块整合在一起，一方面有利于控制成本，降低开支，因为郊区的租金相对便宜，可以租赁大巴往返于市区接送客户；另一方面也可以通过游乐园、住宿、餐饮等为基地引流，吸引对其他方面有需求的顾客进来，这样就形成了一个良性循环的小生态。

相比之下，在市区开设几千平方米的大店面的成本，就足够开很多家接单的小店面，可以把这个成本节省下来，然后以社区店、路边店的形式，使接单的小店面遍地开花。

当小店面接到顾客的订单时，就通过大巴把他们送到基地里拍照、旅游、住宿、餐饮、度假……这种拆分的方式就等于把前端的入口功能和引流功能放大。

“想办法放大入口”“前端分散，后端集中”是一种开设门店的可行思路。

**2. 培训支持**

在招商过程中，要告诉加盟商，总部会提供哪些培训支持。

要把培训老师、培训课题、培训周期拿出来，制作成 PPT 展示给他们看，这样会大大增加成交率。

除了上面这两点支持外，还有设计支持、物配支持、开业支持和运营支持，在这里就不展开了，总之，一定要把这六大支持放在招商路演里，跟代理商讲明白。

企业经营者一定要讲出企业的高度，只有这样，负责招商的人才能更加有序地完成具体的细节。

### 主题词八：搭建客户见证体系

众所周知，只有客户说好，才是真的好。

不管企业是以线上销售为主，还是把客户引流到店内再做转化，当企业把大量的客户案例和客户见证罗列出来，那么其他客户对企业的信任度就会立即提升。

客户见证是如此重要，它通过第三者的视角来表达使用企业的产品和服务带来的感受，往往更容易打动顾客的心，所以每一家企业都需要搭建这样的客户见证体系。

成功的客户见证一定是有图、有真相、有故事，才会有信任。

我认为，一个好项目应该至少有 100 个 B 端和 C 端的案例，这是每个企业经营者都要完成的任务。只有足够多的客户见证的成功案例，才能托起一个好项目及品牌价值。

如今，消费者的口碑往往比企业制作的广告更有参考性。因此，作为一个具有强大竞争力的企业，必须要做到全员搜集客户见证，这是一家企业应该具有的战略。

员工级别不同，搜集的见证级别也可以不同：

一线员工有一线员工搜集的见证，中层人员有中层人员搜集的见证，高层管理者有高层管理者搜集的见证，董事长有董事长收集的见证……

总之，企业全员都应该学会收集客户的见证，然后进行备档、分类、宣发，并且要把这样的工作体系纳入日常的工作流程当中，这是现代化的企业必须要做到的事情。

企业总部的组织架构不能太粗放，一定要设立几大部门。除了生产部、人力资源部之外，总部还必须要设立以下四大部门：

第一个部门是新媒体部，这是负责企业对外宣传、解决客户流量的部门，这个部门可以分成制作组和商业转化组；

第二个部门是招商部，也就是负责执行招商工作的铁军团队；

第三个部门是运营部，这是专门负责运营渠道、运营加盟商的部门，其中运营部是专门负责监督和管理代理商、加盟商、门店的，比如，门店的灯箱亮不亮，产品摆放是否整齐，门店人员有没有遵守规章制度，跟顾客签订的协议是否合理，有没有做出损害企业和品牌的事情，经营方向有没有偏离，每周的赋能日和每月的会议有没有参加等，这些事情就是运营部要完成的工作，他们的眼睛就像摄像头一样，负责监督，以做出评估；

第四个部门是养商部，也就是渠道商学院，他们负责为加盟商、代理商提供各种培训，为他们赋能。

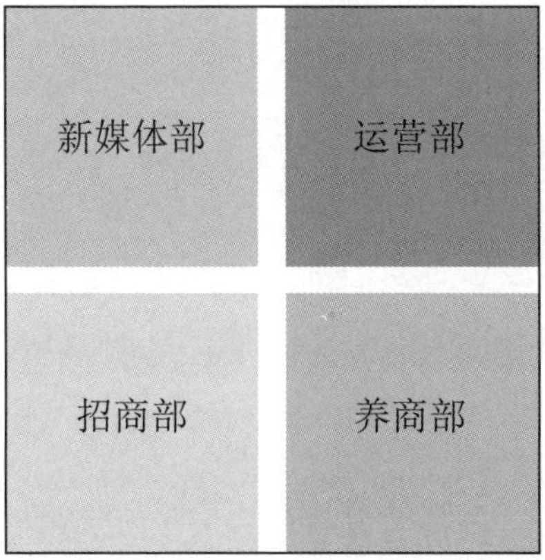


图 7-5　与招商有关的四大部门

这样就可以很清晰地看到：

养商部负责培训人才，运营部负责监督检查，新媒体部负责宣传引流，招商部负责执行落地，这四大部门的职能划分得很清晰，为总部持续不断地招商提供支持。

运营部负责收集、汇总各种案例，把大量的客户见证进行分类，同时业务员要在微信和朋友圈里固定发放信息，大量输出招商的各种维度、各种案例、各种举证，只有大量的宣传资料，才能吸引客户的注意力。

另外，新媒体部门的生产能力也要足够强大，宣传资料要常换常新，不能出现一张海报使用三个月的情况。而客户的案例和见证的内容也不能是模模糊糊、老生常谈的，一定能促使客户前来咨询，甚至加盟投资。

第八章 08

# 走进招商——引爆门店

**要想实现千城万店的目标，先要建立千城万会，即建立各种沙龙会，建立与渠道、客户沟通的平台。**

**——王昕**

## 01　门店的形态和功能

到底应该怎么开门店？现在大部分的门店都属于静态店面，也就是把产品放在架子上，产品在货架上的位置相对固定，然后设立一个导购员在收银台收费。

随着市场竞争越来越激烈，互联网对生活的影响日益加深，现在的经营方式在未来还可行吗？

企业经营者最好把门店从原来的静态店面升级为动态店面，并朝着生态店面迈进！

经营者应该把门店从过去只面对C端的客户，靠卖产品赚差价的静态盈利模式，转变为经营会员的动态模式，形成线上、线下的渠道和生态链，这是未来打造生态门店的核心。

等待顾客主动上门是传统经营模式，已经不能适应现在时代的发展了。如今的门店必须要具备四大功能：体验中心、社交平台、直播基地、融资招商场地。

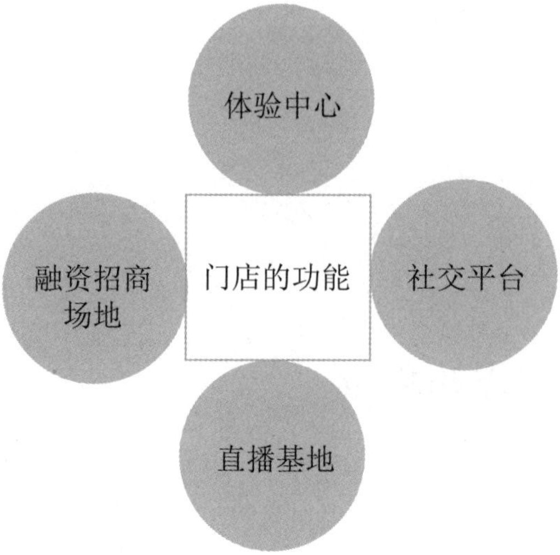


图 8-1　门店的功能

### 门店是体验中心

门店是体验中心，意思就是让顾客在门店里真正体验到产品本身的价值，从供应链、原材料、工艺，到产品的性价比都能体验到。另外，顾客还要体验到提供的优质服务。

生活中，常常会遇到这样的情况，在电商平台上看到的货品是一个样，可是实际上收到的货品却是另一个样，简单来说，就是货不对版。

无论图片上、视频里的模特穿得多好看，也比不上顾客通过亲身体验带来的感受，而这正是体现门店价值的方式之一。

对于原材料的展示，门店显然更具备优势。在出售货品时，为了让顾客买得放心，门店可以把货品的原材料样本摆放出来，也可以播放有关产品的视频，这两种方式可以单独存在，也可以结合起来展示。

比如，空心挂面是西贝的主打产品之一，西贝为此还拍摄了视频进行详细展示，包括原材料（小麦）的生产地、空心挂面的工艺，以及它的口感等特性。西贝把这个视频做成了一部纪录片，并在门店的电视机里播放，这样就发挥了门店作为体验中心的功能。

因此，门店里最好要摆放一台电视机，播放产品的介绍，这是非常重要的宣传手段。很多门店的电视机只是播放广告片、宣传海报，或者介绍门店的优惠活动等，其实这是非常机械而且没有灵魂的。

一定要利用好门店的电视机，播放有灵魂、有温度的视频来介绍产品，因为门店是顾客最重要的体验中心，能够让顾客直观地体验产品的匠心。

### 门店是社交平台

门店存在的功能，并不是为了卖一单是一单，而是为了更好地维护企业与顾客之间的关系，为顾客提供更优质的服务，把门店打造成社交平台，才是门店最重要的价值。

比如，丸美的工作室、玫琳凯的工作室……这些都是凸显门店作为社交平台，增强企业与顾客互动关系的好例子。

何谓社交平台？以各种各样的主题沙龙活动把会员汇聚在店里进行交流、学习，这就叫社交平台。比如，在门店，今天提供化妆教学服务，明天提供插花教学服务，后天提供烹饪教学服务……

当然，这只是举例说明而已，实际上门店的社交服务不可能做得这么频繁和杂乱，但是有一点是可以肯定的，就是要组织会员在店里聚会、社交，才能赚取顾客计划之外的隐性利润。

何谓顾客计划之外的隐性利润？比如，一个厨具品牌店的会员参加了门店举办的营养师分享会，会上营养师除了分享如何管理自己的饮食之外，还分享了如何给宝宝做早餐的心得，同时还赠送顾客一套宝宝有机辅食的礼盒。顾客参加完这个分享会后，决定报名参加营养师的其他课程，并且还从门店购买了一套更能锁住食物营养的厨具，那么顾客的这些消费就属于计划之外的消费，而门店也因此获得了计划之外的隐性利润。

再举个例子，现在很多人的手机上都安装了各种各样的短视频App，一方面可以用来获取信息，另一方面也可以打发时间。而在这些短视频 App 中，为什么抖音、快手这些短视频平台，可以轻易地使消费者产生计划之外的消费？

这是因为很多人在刷短视频的时候，都会刷到博主、网红在直播频道上营销产品。他们不断地用生动的话语展示产品美好的一面，如果这个产品刚好契合观看者的需求，那么刷短视频的人就会产生购买行为，这也是计划之外的消费。

人是感性动物，提供富有感情的服务，更能拴住广大顾客的心。

因此，为了增强与顾客的互动，拴住广大顾客的心，会员机制就应运而生，门店在连接会员与企业的关系上起到了非常重要的作用。会员因为共同的价值观来到门店参加聚会，这是对企业品牌最大的认可。

因此，企业应该要求店长每周或者每月至少组织会员到店里聚一次会，这样会极大提高会员对企业品牌的黏性，刺激他们产生进一步的消费行为。

甘之源在打造“好想你大枣”专卖店时，通过各种活动把女性消费者汇聚到专卖店里，增加了产品的销售。

但是，许多传统的企业忽视了这一点，还停留在以前的营销模式中，一方面抱怨生意难做，另一方面又没有更好地利用门店来维护顾客、打通渠道、提升顾客的消费频率。

其实，只有经常把会员集合到门店里，带给他们有价值的内容，才能够把产品销售出去。

## 门店是直播基地

现在许多门店的装修风格都极具个性化，与时代完美融合，所以门店其实就是绝佳的直播场地。网红直播时所使用的环形美颜、三脚架、直播导购员等，应该成为门店的标配。

利用门店做直播，能够很好地刺激店员工作的积极性。当店里有顾客时，店员就去招待顾客；顾客较少时，店员可以进行直播。当然，前提是企业设计好奖励制度。

门店可以通过抖音、快手、小红书、微信视频号等平台进行直播营销，唯一的成本就是人力成本。不过，店员在店里的工作时间本来就属于上班时间，从这方面说，在店里直播其实相当于零成本。

如何调动店员工作积极性？可以让店员每天直播一定的时间，并且纳入营销考核以及销售业绩的分成内。

有一点必须明白，线上直播不会在短时间吸引大量粉丝，需要一个过程。时间越长，流量才会积累得越多。因此，企业经营者从现在开始把门店打造成直播基地吧。

## 把门店变成融资招商场地

把门店打造成为融资和招商场地，是指门店必须要举办 TO B 的招商会沙龙。

众所周知，举办会员活动是属于 TO C 方面的，主要是面向个人客户推销店里的套餐或者团购产品等，但招商会沙龙是直接向顾客推广投资加盟店的计划，这些顾客既包括 C 端的顾客，也包括 B 端的顾客，很多时候是以 B 端的顾客为主。因此，面向 B 端顾客，把门店打造成为融资和招商场地，拓展业务的空间将变得更大、更广。

要成功举办 TO B 的招商会沙龙，需要做一些前期的规划工作和准备工作。要把有投资意向的顾客筛选出来，邀请到门店，讲述加盟方案、投资收益等，并辅以大量成功的案例，务求把他们转化成为企业的加盟商或代理商。

由上面的论述可以看出，门店的价值，除了买卖产品之外，还要想办法让顾客成为自己的会员和投资人，向他们推广加盟的商机。

注意，TO B 和 TO C 这两种会议，对客户群体的定位和需要完成的目标是不一样的，企业需要区分好举办每一种会议要达到什么效果，做到心里有数。

体验中心、社交平台、直播基地、融资招商场地，这四位一体的功能如果能够在门店里体现出来，就可以打造出“超级门店”了。

## 02　门店的经营模式

为了让门店的生意更好，在条件允许的情况下，应该设立两套班子来经营门店，分别由负责店内消费的店长和负责店外消费的会长组成，店长和会长就是这两套班子的负责人。

这两套班子协同作战，顾客在店内的所有消费都由店长带着导购员、服务人员负责成交；当顾客离开门店之后，就由会长负责经营这个顾客的时间和消费。

比如，某家服装门店成立了一个“女神会”，除了原有的店长外，门店还设立了一个同样级别会长，称之为“女神会”会长。当顾客进店以后，她在店里的所有消费均由店长负责；当顾客走出店门之后，为了促使其再消费，增强这个顾客的黏性，那么“女神会”会长就要承担起维护门店跟顾客之间的关系。

简单来说，店长负责店内的消费成交，会长负责店外的会员转化，在转化的过程中，适当向会员输出其他的优惠政策。这就是由店长、会长两套班子组成的门店经营体系。

由于职能不同，一定要协调好双方的职责和关系，才能有条不紊地开展工作，促进会员复购。

## 走向圈子电商

什么叫圈子电商？当一个门店积累了大量的顾客之后，会根据顾客的属性和喜好建立起一个又一个圈子，而门店就是经营这些圈子背后的价值。

通俗来说，就是物以类聚、人以群分。比如，可以为爱车的会员设立车友会，为爱美食的会员设立美食会，为爱美的会员设立女神会……

每一个实体门店的背后都应该至少有 1 000 个会员，而这 1 000 个会员就是门店的重要资产和业绩的来源，为门店源源不断地输送新顾客的资源。

大家看得见的就是企业可能拥有 100 家、200 家、500 家实体门店，看不见的是每家门店拥有 1 000 个会员，而这 1 000 个会员的背后又辐射出 1 000 个圈子；大家看得见的是门店里面数量有限的货品展示架，看不见的是潜力无限的外卖品；大家看得见的是门店拥有几个导购人员、一个店长，但是看不见的是门店的背后拥有 1 000 个分销商，这就叫圈子电商。

如果实体门店还依靠传统的经营模式，靠选址吸引顾客，而不是通过发展会员维持后续的营销，那么，门店未来的道路将会越走越艰难，这也是当下众多实体门店陷于困境的主要原因之一。

一旦门店拥有了大量的会员，就会稳坐钓鱼台，而选址也变得没有那么重要了，因为这时门店已经有了庞大的客户群作为支撑。

这也是微商的门店为什么会选在写字楼、居民楼里的原因。实践证明，在新商业时代下，货品的销量与地段并没有很大的关系，微商本身就自带流量，自带顾客群。

因此，流量就是会员，流量会带来成交！每一个门店能否拥有至少1 000个会员，决定着门店在未来能否继续生存下去，也决定着门店能否摆脱传统的经营模式，转向经营会员的模式。

因此，顾客流量决定着会员的数量，会员的数量决定着门店的经营状况，这就是门店走向圈子电商的主要原因。

## 案例：山地自行车经营模式

曾经有一个经营山地自行车的企业家找我合作，希望我改善他的经营模式。经过深入了解后，我发现他的门店存在着顾客进店率低、品牌知名度不高等问题。

为此，我给出了几点建议，其中最重要的一点就是，调整品类，改变现有门店的展示风格。

他的店基本属于街边店，店内的墙上挂着各种自行车的照片，店内也摆满了一排排的自行车。门店空间不够，还占用了其他地方。

当我刚看到他的门店的时候，感觉这就是一个自行车的仓库。

很多人需要变观念，对这家门店来说，经营的并不是产品，而是目标人群，即爱运动、爱骑自行车的人群。当这些人群看到这种仓库式的摆设会有什么感觉？肯定会觉得档次很低。

要知道，如今的消费者买的其实是一种生活方式，而不是自行车。为此，我建议，这个企业家必须要把店内的位置腾出来，放一些小茶桌，并且增加产品的品类。

为什么这么做？举个例子，现在各种茶饮大行其道，深受年轻人的喜爱。在所有实体门店中，茶饮店的进店率是最高的。而茶饮店归根结底，经营的并非茶饮，茶饮只是引流的一种工具。

因此，应该借鉴茶饮店的经营方式，在店里放一些小茶桌。当然，这些小茶桌以及店里的各种布置也要契合爱运动、爱骑车人的喜好。当他们进店坐下以后，可以看到门店的摆设以及有吸引力的山地自行车，同时还有骑行爱好者俱乐部的宣传海报。

海报广告语就是：×××元加入骑行俱乐部，让你认识100个志同道合的好友，还送你一辆价值×××元的山地自行车。如果推荐身边的好友加入俱乐部，再赠送一套价值×××元的护具。

经过这样的调整，门店的营销方式从原来卖产品，也就是卖自行车，转变为卖会员并赠送自行车和护具，这就产生了裂变的效应。

短短两个月，这家门店的营业额上涨了好几倍。

## 门店的“变形”历程

门店的“变形”是指门店根据市场环境的变化，改变经营战略、经营模式等，以期更好地迎合消费者需求，更好地适应当下的发展环境。通俗来说，这就是一个门店不断蜕变的过程。

门店的“变形”是需要时间的，它有一个适合自身的发展规律和发展历程，并不是一蹴而就的，不能违背当中的基本规律。

比如，文和友就是门店“变形”的成功案例。它由夫妻店开始起步，经过多年发展，从原来的千店一面演变到现在的一店千面。

2010年，22岁的文宾辞去汽车行业的工作，开始在街边摆地摊。2015年，他创立了文和友老长沙臭豆腐，2016年成立了文和友集团。从一个小地摊成功转变到经营一个单品，最终发展成为一个大集团，其经营理念、经营方法，甚至个人的格局都发生了截然不同的变化。

在特殊时期，餐饮行业普遍不景气，但是文和友的生意十分红火，广州的超级门店在正式营业首日，排队超过2 500号，在“五一长”假时招待顾客1 000多桌，受欢迎程度之高可见一斑。

这是因为文和友很好地迎合了年轻人，门店的装修呈魔幻的风格，像 20 世纪八九十年代的红砖老楼，给人一种混搭风、穿越风的感觉，吸引了大众的目光。

表面上看，文和友是一家餐饮公司，但他的理念不是做餐饮，而是做文创。它的经营密码在于：

第一，挖掘优秀的传统餐饮文化。通过自创小龙虾、文和友臭豆腐来增加企业内涵，打造属于自己的 IP。

第二，打造合适的载体。它基于互联网打造品牌，一边传播企业文化，一边通过大量的新媒体进行宣传，形成独有的文化标签，使人提到文和友时，除了想到独特的美食之外，还会联想到它的文化内涵。

波司登是羽绒行业的老品牌，但他们一路走来历程并不平坦，曾经因为款式陈旧而导致产品卖不出去，在 5 年内关闭了 8 000 家门店，营业额也跌到了谷底。

然而，仅仅用了三年，波司登就卷土重来，营业额突破 100 亿元。它是如何“变形”而实现逆转的？

他们从线下门店入手，在重点城市的核心商业区开设高端旗舰店；从制作工艺入手，一改原来的陈旧风格；然后对门店的形象进行全方位提升，重新赋予了门店的空间感、科技感。最终，波司登成功摆脱了原来的形象，焕发新的生机。

从静态门店变形为动态门店，从动态门店升级为生态门店，这是门店的发展历程。未来，门店一定是朝着线上、线下相结合的方向发展，从经营货品转变为经营一群人的生活方式。

## 03 门店的模型与复制

任何事物都有其发展规律，门店也是一样。

每个门店在初创阶段、扩张阶段、变革阶段的模式都不一样，在不同阶段，也有不一样的模型。比如，安利和玫琳凯的门店就是一个开会招商的地方，顺便销售产品和服务。

反观另一个化妆品牌“好想猫”，它提出为肌肤而生的口号，主张原料来自法国，它的门店更多的是作为融资招商的场地，卖的其实是代理权，因此，它并不做C端的销售。“好想猫”嫁接了新零售的方式，让代理商在门店开展招商，这叫创客空间，即专门卖商机的门店，不得不说这个思路很新奇。

### 水果店也可以上市

百果园于2001年成立公司，业绩一路飙升。2021年，其门店的数量高达5 249家，营业收入102亿元。

百果园业绩一路狂飙的背后，是决策战略的重大胜利。在上市的庆功宴上，百果园总经理表示，当初对董事长提出百果园要上市的目标难以置信，因为水果店上市是闻所未闻的事，但是百果园做到了。

听到这段话时，董事长余惠勇回答，即使这个目标令人难以置信，还是要怀揣梦想，去挑战别人不敢挑战的目标。

百果园取得如此骄人的成绩，离不开其独特的经营模式。百果园采用门店加社群的方法，在线上通过小程序裂变顾客，在线下通过门店让顾客进一步体验。从出售高质量的水果，到出售高质量的生鲜，这是百果园在发展过程中发生的最大变化。

在百果园的招商模式中，加盟商专注于店铺的经营和销售，总部为加盟商提供经营上的支持，同时总部采用毛利分配的方式，通过与加盟商相互分工来打造共同的事业，这是百果园打造的多赢门店模型。

百果园招商的核心内容是：合作期 5 年，加盟费 3 万元，保证金 3 万元，商品首付款 3 万元，整个项目的开支明细和毛利润的结算、收取都被详细地记录在表单上。

百果园采用门店合伙人的形式，门店的股权结构大致是片区经理占 17%，店长占 80%，负责开发渠道的招商铁军占 3%，门店的利润按股权分配其中的 30%。

每家店铺的店长都要输出一名新店长，以老带新，当新店长裂变出新的渠道后，给予一次性三倍的补偿收益。另外，百果园总部承担门店所有的亏损，店长只负责门店的经营和裂变，这种合作方式有效地提升了企业利润。

作为生鲜行业，如何处理即将到期的食品成为这个行业共同面对的问题。而百果园以前是直接当垃圾丢弃过熟的香蕉，但自从把店长升级为店铺的合伙人后，这些香蕉也能以一元的价格出售，可见此模式有效地提升了企业利润。

2019年1月，百果园公布新的加盟方案以后，取得了一系列傲人的成绩。首先，经营费用降低了，店长作为门店的老板有权决定房租、损耗和员工工资，这使整个企业的盈利比例达到80%以上。

## 关于门店的几个核心点

引爆门店主要从三个方面进行：门店的形态、模式和复制。归纳起来，引爆门店的三大核心步骤就是：

第一，对门店的品类进行梳理；

第二，设计门店的会员方案；

第三，进行门店的裂变运营。

当企业抓住这三大核心，就能引爆门店的业绩，使门店发展得越来越好。

而在门店的形态、模式和复制中，有几个核心点：

第一，门店的形态必须从静态门店转变为动态门店，这是企业打造超级门店的基因。

第二，门店的表现形式一般分为三种：社区店、标准店、形象店。一般来说，形象店的招商价格最高，标准店次之，而社区店的招商价格较低。当然，企业可以根据自己的招商战略进行调整。

第三，当企业开始上调门店的招商价格时，应先梳理好各方面的支持机制，打造好运营体系，以便其他门店能够快速复制。

第四，招商固然重要，但培训店长同样重要，必须坚持每周、每月对店长进行培训，这是企业必不可少的工作。

第五，企业可以采用两种方式来培养店长：一种是直接把加盟商培养成店长；另一种是由加盟商提供人才，由企业负责对店长进行培训。

图 8-2　引爆门店的三大核心和步骤

打造千城万店是一个庞大的工程，企业在拓展商业版图的同时，一定不要忘了打造门店和产品的品相。

门店的品类包括：入门产品、常规产品、特色产品、大额产品和外卖品等。

门店的品类组合，即人、产品、场地的匹配，这是吸引新顾客的必备条件，也是把顾客转化为会员的重要前提。

比如，一家生产设计国潮服饰、中式服装的企业，其董事长、总经理等高层领导每隔一段时间便亲自带着 VIP 会员游山玩水、访寻名胜，这也是经营会员关系的一种方式。

如今，人们的社交需求不断增加，人与人之间的联系不再局限于身边的环境，而要走出去，融入顾客的生活里，进而经营顾客的生活方式，这才是企业未来的主流经营方式。

“从经营产品到经营人”是现今企业升级转型的方向。

有一家经营美体内衣的企业，由于面临的竞争压力越来越大，所以董事长希望进一步升级自己的品牌和营销模式，为此征询我的意见，我给他两个建议：

第一，举办“全球辣妈大赛”，在帮助店铺开拓新顾客之余，通过大赛进行招商，为企业开拓新的渠道；

第二，经营VIP级别的加盟商的生活方式，让他们通过学习、成长、旅游等方式变得更美、更漂亮。

第三，经营的主体由产品过渡到会员，以“经营会员的生活方式”作为战略升级的方向，向更多的女性输出更感性的宣传语。比如，“女人当家做主”“女人能顶半边天”等，以帮助女性获得自信。

董事长接受了我的建议，带领VIP会员和加盟商去了迪拜，在那里骑摩托艇……大家都玩得很开心，还举办了招商活动，取得了非常满意的效果。

如今，这家企业发展得很好，营业额也得到了大幅度的提升。现在除了经营美体内衣之外，还衍生了一系列的业务，比如，经营女性的养生产品等。

回顾它一路走来的历程，在刚开始招商时并不顺利，甚至遇到了巨大的挑战。即使面对不断而来的打压，该企业的董事长依然坚定信念，通过“融、招、养”三位一体的招商策略，使企业得到了飞速发展。

第九章 09

# 走进招商
# ——引爆会员

会员本身就是一种产品，买会员可以送产品。经营会员，并不只是向会员卖产品，而是要经营会员的生活方式。

——王昕

# 01　会员的类别与转化

招商的核心不在于产品，也不在于门店，而是在于企业拥有多少会员。因此，依靠门店来发展会员十分关键。

一般来说，会员可以分成三个级别：入门会员、代理会员和联盟会员。

把用户转变为会员的第一步，就是先把他转化为入门级别的会员。为此，企业可以设定四种类型的优惠政策，以吸引他们，分别是：消费礼品卡、单品消费卡、专区消费卡、排队消费卡。

其中，消费礼品卡是指消费某一个指定的礼品而获得一项权益，单品消费卡是指消费某一个单品而获得一项权益，而专区消费卡指的是通过区域消费而获得一项特权，排队消费卡则是通过排队消费而获得特权。

比如，有些酒店每天推出 5 间免费的房间以吸引用户升级为会员，如果不算节假日在内，那么酒店一年就推出了 1 500 间房作为转化会员之用。

这些酒店大致的操作方式是：首先以光顾过的用户为抽奖池，以抽奖的形式抽出其中的幸运儿。幸运儿获得免费的房间后，并不能立即入住，而是需要通过微信等程序进行激活，才能得到入住免费房间的指定日期。

设定这种优惠政策能为企业带来几个方面的好处：

第一，除了节假日之外，在一般的日子里，酒店的入住率不可能达到100％，因此，推出免费的客房吸引用户转化为会员，会使酒店房间的价值得到最大化；

第二，利用客户爱优惠的心理，让企业进一步获得用户更全面的数据，为后续的会员转化提供了便利；

第三，以光顾过的用户为抽奖池，能够增强用户对酒店的黏性；

第四，让用户在指定的日期入住，能够不断地提醒用户对入住的日期保持长期的注意力，借此不断加深用户对酒店品牌的印象。

### 设计各种会员身份

有一次，我和一家企业的董事长到茅台镇采购赠品。令我们震惊的是，在市面上销售几百元的白酒，在当地的出厂价只需要几十元，这是因为中间商层层加价，所以到了消费者的手上，价格就提高了很多。当看到这种情况时，我们立刻跟厂家订购了这款白酒，直供给这家企业的几万名会员。

这家企业还举办了一场大型的活动，并在活动前告知顾客，只要成为企业的会员，就能免费获赠一瓶白酒。

可见，超级赠品也是撬动顾客成为会员的有效途径之一，或者说要制造各种理由持续地向顾客推广成为会员的好处，销售产品是这样，招商也是这样。

另外，还可以设置消费的门槛儿。以肯德基为例，肯德基推出了各种类型的会员卡。比如，38 元的大神卡，这是为没有时间吃早餐的学生和上班族设计的；9.9 元的宅神卡，这是为喜欢宅在家里，以点外卖为主的宅男宅女设计的；此外，还有 28 元的咖啡包月卡，是为喜爱喝咖啡的人群设计的。

由此可见，设计各种各样的会员身份，已成为门店的重要任务。

我一直反复强调，一个门店或者一家企业卖的不是产品，而是会员。门店应该首先学会思考如何增加会员的数量，然后在拥有大量会员的基础上思考如何去商业转化。

我曾经帮助一家企业打造了"九位一体"的商用车生态圈，对买车、护车、金融平台进行重新整合、梳理。通过"九位一体"的商业模式，现在这家企业的盈利点大幅增加，创造了在一场招商会收益 434 万元的奇迹。

## 治疗灰指甲的店创造出招商的奇迹

"得了灰指甲，一个传染俩"这句脍炙人口的广告语来自跟我合作的一家企业，这家企业董事长希望我帮助他完成招商的工作。

他介绍说，由于门店的利润比较低，顾客的平均消费大概也就是几千元，远远达不到医美行业的几万元消费，所以他们的门店现在陷入了"不盈利→服务单一→无力提供更多的服务→利润更低"的尴尬局面。

通过重新梳理这家企业的产品，我认为，如果单靠治疗灰指甲的服务，是根本无法扩大客单价，更难以提高门店的业绩。

我还进一步了解到，灰指甲的患者一般都是上了年纪的人，以老年人居多。而通过分析患上灰指甲的病因，可以找出背后的元凶，也就是患病的根源，如身体的免疫力差、代谢不足等。

依据中医的理论，人有七大体质：寒性体质、热性体质、虚性体质、实性体质、瘀性体质、痰性体质、湿性体质。

于是，通过咨询医生，我提出了一个概念：感染灰指甲的根本原因是免疫力低下，导致自身的体质差、抵抗力弱，所以在治疗灰指甲时，单靠药物的治疗是治标不治本，必须要调理体质。

那么，如何调理？清、调、补，即清掉灰指甲，调理身体，补充各种微量元素。为此，可以根据顾客体质提供设计治疗方案的服务。

基于这个定位，我建议企业董事长梳理品类，不同品类价格从几千元到几万元不等。当店员听到这个价格时纷纷反对。店员认为，老年人的收入少，现金少，治疗灰指甲的定价 1 000 元已经是很高的价格了。如果定价几万元，根本卖不出去。

基于很多店员有异议，我必须要统一员工的思想、加强培训沟通的技巧和邀约的技能。经过一段时间的培训后，我们举办了第一次招商会，现场有 100 多人参加，大部分是中年人、老年人。

在招商现场，创造了成交额高达 200 万元的佳绩，这家企业的员工大受震撼，士气得到极大的鼓舞。由此可见，是固有的意识限制了自己的思维，限制了自己能够达到的高度。

### 设计会员的级别

引爆会员的核心在于设计会员的级别，会员的级别可以分成三种：

低级别是入门会员，主要是用来锁住客户的流量；

中级是代理级别会员，主要负责 B 端的销售；

高级是联盟级别会员，指的是成为门店的合伙人和虚拟股东。

顾客成为门店的虚拟股东，不需要实名注册，而是采用虚拟分红的方式。分红机制遵循“条件性定额分红”，即顾客成为门店的合伙人后，以裂变分享和销量目标作为主要的评估条件，符合条件者，可以享受定额分红。

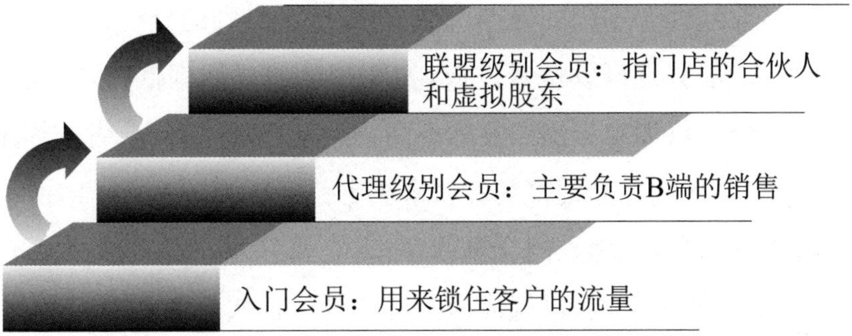


图 9-1　会员的三种级别和职能

比如，某联盟会员的销售业绩是 300 万元，对应的分红就是 3 万元；销售业绩达到 500 万元，对应的分红就是 5 万元。这就是条件性的定额分红。

分红的本质是一种奖金，却能带给对方"躺赚"的心理。

省级代理、市级代理、联合创始人、创客等获得分红都是有条件的，奖金与业绩挂钩，但一定不能以百分比的形式计算奖金，而是应该将百分比直接转换成具体的金额。

因为直观的金额带给员工的感受比按百分比分红更加强烈，一定要把百分比转换成具体的奖金，这是条件性定额分红的重点。

作为代理商，完成目标业绩后可以提升至更高级别的代理，享有全国级别的业绩分红。

当代理商成为联创（联创属于低级别，合伙人属于中级别，私董属于高级别）或合伙人级别后，可以升为全国合伙人的级别，享受总体业绩的定额分红。

当代理商的业绩达到私董的目标份额时，可升为全国私董的级别，除了享受总体业绩的定额分红之外，还可以享受到更多的福利，获得更大的权利。

总之，业绩处于不同的级别，就要对应这个级别的分红和权益。

一般来说，分红可以按月发放，如果产品的复购率低，按季或者按年来分红也可以；如果产品的复购率高，也可以改为按天或者按周来分红。具体需要根据产品的复购性质来决定。

当门店的顾客成为入门会员后，门店应该举办一些活动，把入门的会员发展成为代理会员，再把代理会员升级至合伙人级别的股东会员、联创会员。

成为股东会员、联创会员以后，可以获得三大权益：

第一，可以以股东的身份享受门店消费的折扣优惠；

第二，可以获得股东裂变的提成；

第三，可以享受门店的条件性定额分红。

把顾客转化为会员，再转化为门店的合伙人或者股东，是深度捆绑客户的方式。但是要注意，虚拟股东与投资人是有区别的，虚拟股东不需要在工商部门实名登记。

## 02　善用赠品放大顾客的满足感

很多企业在招商的过程中，为了吸引有意向的人成为代理商，都喜欢借助赠品来提高招商的吸引力。

赠品不只是有形的产品，还可以是无形的服务。比如，护肤品店提供的免费修眉、免费化妆、免费学习装扮技巧……这些都是属于赠品。

### 赠品的类别

一般来说，赠品主要有以下两种类别。

**1. 吸引顾客回头的赠品**

比如，在一家理发店理发，每次只需 20 元，但是理发店为了提高顾客的回头率，推出了一个赠品，顾客只需交 50 元便可成为会员，享受洗剪吹 5 次。

又如，一家美容院推出了美容卡，只要充值 398 元，可以成为会员，享受 10 次脸部美容服务，这比单纯做一次脸部美容就要 298 元，划算得多。

这些都属于吸引顾客回头的赠品。

能否经营好一个门店，最主要是看两个“率”：触客率、会员率。

触客率就是你能接触到多少个顾客。因为只有先接触到顾客，才有后面的成交；接触不到顾客，就没有了后面一切的交易行为。因此，触客率可以理解为顾客的流量。提升触客率的本质就是提升顾客的流量，也叫引流。

至于会员率，就是触客率的进一步延伸。

当你接触到大量的顾客，或者跟新的顾客有了第一次交易之后，接下来就要想方设法把新顾客留下来，成为常态顾客，而“会员”就是把新顾客常态化的一种体现。

只有经过先引流、再转化这个过程，企业的客户才会越来越多，企业的规模才会越做越大，这是绝大部分企业的成长路径。

当然，也有例外。比如，旅游景区附近的很多店铺，都是本着“一锤子买卖”的心态，它们追求的就不是会员的数量，而是单次交易的价格。

可以说，触客率与会员率决定了门店的营业收入和利润。两者缺一不可，应该把两者结合起来使用，刚柔并济，才会见成效。

**2. 吸引顾客裂变的赠品**

比如，为了让你把顾客推荐给我，我送你一个赠品。但是，不要让思维受限，认为赠品就是实物。其实赠品既可以是优惠券，也可以是实物，还可以是一种资格或者一种特权。

我曾经为一家饭店设计了一个赠品，这是因为这家饭店的停车位数量不足，停车位成为一种资源，所以我的设计方案是：对于任何一个会员，如果他推荐的朋友成为这家饭店的会员，那么他就可以获得一个专属的停车位。换言之，这里的专属停车位就是用来吸引顾客裂变的赠品。

**选择赠品的原则**

不同的赠品带给人的价值感受是不一样的，在选择赠品时要遵循三大原则。

**1. 不同的人群属性要匹配不同的赠品**

通过赠品达到引流的目的，就要学会换位思考。先确定好目标客户的需求，再设定赠品的范围。

在挑选赠品时，还需要注意三个要素：产品质量、产品知名度、产品外观。

比如，有些门店的主要顾客群体偏向年轻女性，因此为了吸引年轻女性进店消费，可以挑选诸如饰品、指甲油、小彩妆、护肤小样等具有时尚感、色彩感的商品作为赠品；而有些门店主要经营家庭日用品，则可以用纸巾、洗洁精、洗衣液等与顾客生活黏度较高的产品作为赠品，因为这类产品是每个家庭的刚需品。

门店可以针对不同的年龄、不同的性别，甚至是不同的属相、星座来推出赠品。比如，可以专门针对3月出生的会员举办一个活动，赠送当月星座的礼品。

**2. 定制礼物**

通过赠送定制的礼品扩大企业的影响力。

比如，在一些赠品上印有企业的标记或者企业的相关信息、宣传语句，为企业做了一次广告宣传。

我曾经为一家企业设计过一个赠品，是一个箱子，这个箱子是这家企业客户常用的物品。因此，在这个箱子上印制了企业的logo和广告语，客户在使用箱子时就能看到，收到了很好的效果。

定制礼物既能满足企业和顾客的个性化需求，又能表达出企业对顾客的重视与诚意，拉近双方的距离。

另外，由于定制的礼物都具有独特性，而且价格也比较模糊，让接受赠品的人不容易对价格做出判断。

**3. 赠品需要时常更换**

如果长期送同一种礼品给客户，会很让人感到厌倦。因此，赠送礼品时，要根据不同的时节和环境选择不同的赠品，并且最好经常变换，这样既保持了客户的新鲜感和好奇感，而且也可以成为跟客户沟通的话题之一。

图 9-2 使用赠品的三大原则

## 实现赠品价值最大化

选好赠品之后，接下来就要使赠品的价值最大化。因为在一般人的印象里，赠品的价值都不高，而且质量也不好，基于这个印象，很多人宁愿要折扣，也不要赠品。因此，在这方面，建议如下：

**1. 塑造比主品更详细的沟通技巧**

首先，我们要赋予赠品背后的价值。比如，可以向客户介绍赠品背后的故事，介绍它的稀缺性，或者介绍它带来的价值等。总之，要通过塑造延伸的价值来提升赠品的无形价值。

其次，就是沟通的技巧，把赠品的价值拉高，用“三养一销”促成成交。“三养一销”是门店向客户推销成为会员的最有效的沟通方式。

何谓“三养一销”?

一是“养”,就是让客户对产品有初步的了解,建立好感;

二是“养”,就是让客户进一步了解,巩固对产品产生好感;

三是“养”,就是让客户对产品彻底地了解,升华这种好感。

四是“销”,就是直接成交,就是把客户对我们的好感变现。

当客户连续建立三次好感,那么最后一次就会自然而然地跟我们合作,这就是“三养一销”的销售方式,而赠品是打开这种好感的钥匙。

交易在本质上就是一个让客户了解、熟悉和成交的过程,所以千万不要在刚接触客户时就逼着对方成交,如果这样做效果往往适得其反。

当你越逼着客户成交,客户就越往后退,因为客户对你的产品了解还不够深入,而你此时的行为就会让他产生抗拒。

因此在销售的过程中,要采用循序渐进的方式。

注意的是:招商方案只是框架,沟通技巧才是内容。

如果把招商方案比作螺丝钉,那么沟通技巧就是润滑剂。沟通技巧如果不好,无论招商方案做得多么好,最终还是会失败的。

换句话说,方案在招商的过程中只起 10%的作用,而理由起 60%的作用,剩下 30%的作用来自招商铁军,这是招商成功的三大重要因素。

因此,当我们把赠品送出去时,一定要掌握好沟通技巧,把赠品的价值拉高,而不是一带而过,甚至只字不提。这样会让人误以为这些赠品只是库存产品,不值钱。

另外,需要对赠品的塑造进行专门的训练。如果把赠品讲活了,证明对招商的各项准备工作都做得比较充分。

**2. 后端的赠品要跟上**

对于收费的产品,顾客总是很谨慎。无论是服务,还是产品,都要提供给顾客一次免费的体验。

比如，顾客购买面膜时，可以赠送她一款晚霜，这款晚霜就是后端的产品，也就是给顾客提供一次免费体验的机会，接下来在推销晚霜时，才能做到无痕成交。

举个例子，某餐馆为了推广接下来的主打菜品烧鸡，推出了一项优惠政策，只要顾客成为会员，可以获赠一张烧鸡券，凭券以 50 元的优惠价购买价值 198 元的烧鸡。这时，烧鸡就是后端的产品，顾客以 50 元的优惠价购买，一方面弥补了成本开支，不至于使餐馆过度亏本；另一方面，也让客户尝到了烧鸡的味道，成为潜在的消费者。

用赠品把客户引流到后端，促成另一个产品的交易，这是使用后端赠品的最大作用。

**3. 当下有礼**

“当下有礼”的意思就是在顾客成为会员时，让顾客得到满意的赠品。这个道理跟前面讲过的海澜之家第八个成功秘诀“即时激励机制”的原理一样。一定要重视及时发放奖励的重要性，因为这样能放大被奖励者的满足感，提升他的动力。

“爱优惠”是每个人的本性，要善于利用人的这个特性，转化为营销的手段，这样才能事半功倍。

需要注意的是，赠品只是起到“临门一脚”的促成作用，不能仅靠赠品去招商。

方案、理由、权益加赠品组合在一起，才能形成门店的营销方案。

## 03　设计惹人注目的宣传标语

前面就赠品的组合做了详细的阐述，至于如何把赠品讲活，需要总结沟通的技巧，针对不同的人群特性去推送不同的赠品。

有些企业喜欢以“超级赠品”为口号吸引顾客的注意力。所谓的超级赠品，顾名思义，就是一款性价比极高的赠品，它具有极强的吸引力，能带动产品的销售。

从类别来看，赠品的品种较多。比如，回头赠品可以吸引顾客重复购买；裂变赠品能获得更多人的推荐和推广。此外，还有后端赠品、代理赠品、独享赠品等。

这些赠品组合在一起，基本上构建了一个门店所需的赠品体系，门店经营者可以根据实际情况组合使用，或者设计出更多类型的赠品。

### 用宣传语塑造赠品的价值

企业有了赠品，下一步就是塑造赠品的价值，当中的关键因素就是要引起顾客的注意，激发顾客的兴趣。因此，关于赠品的宣传标语一定要有引导性、吸引力，根据消费者的心理来设计。

在塑造赠品的价值方面，宣传语的内容起到至关重要的作用，可以从“小钱当大钱花”“这次很省钱”“福利免费送，千万不要买”这些方面入手。

比如，“如何把1 000元当3 000元花”“充200元得400元的全攻略”“如何与他一样只花10元就能吃到60元的火锅”等文案内容，这体现了“小钱当大钱花”的这一面。

“这次很省钱，买家电能省2 000元，买家具直接省5 000元，办完酒席还返2 000元”等内容，这体现了省钱的卖点。

“福利免费送，1 000瓶啤酒免费送给你”“198元免费送”“200桶洗衣液送完为止”等内容，这属于免费送福利的广告宣传。

为了引起顾客的注意，门店经营者一定要对宣传语的具体内容进行细心的提炼和赋予特别的创意。

比如，当顾客看到这样的宣传语“千万不要买，11月1日之前不要买，因为我们要搞优惠，买了就亏”时，顾客心里就会产生疑问，会思考“为什么现在不要买”的理由，这样就成功地抓住了会员的好奇心，引导顾客对接下来的优惠活动进行了解。

门店经营者可以按照下面的思路，根据自己的实际情况，提炼出既符合产品特点，又能引起顾客共鸣或者好奇的宣传语。

## 宣传语的三种形式

### 1. 把活动的主题、推出优惠政策的理由告知顾客

比如，“本店获得了某区域的代理销售冠军，厂家奖励50万元，年底回馈顾客，500元可抵用2 000元，50万元的回馈赠完为止”，这句宣传语的核心点就是要显示出“50万元”的活动规模。

又如，在春节期间，支付宝、快手和抖音联合举办了抽红包的活动，

宣传语是“10亿红包等你抢”“百亿红包等你拿”，这样的标语体现了活动的规模和力度，增强了用户参与的意愿，这就是文字内容所起到的强大作用。

通过具体的数字，锁定顾客的注意力，以达到活动告知的目的。

**2. 告知顾客超级产品的信息**

比如，“经过两年时间，我们研发出专门治疗鼻炎的产品，10分钟减轻鼻炎50%的症状，7天减轻鼻炎90%的症状，产品的效果已经得到广泛验证。为了回馈会员，我们正式向市场推出这款产品，特告知微信群的会员客户，成为第一批使用者，我们只收取成本价。”

“我们邀请了5位专家，对30多个厂家进行选款，选择了40多款针对不同身材、不同肤色的产品，产品上架之前，为回馈老客户，放送20万元的礼品，消费即可赠送”。

这些都是典型的关于超级产品告知的宣传语。提炼这些内容时，一定要围绕和突出这是一款超级产品及其“超级”之处体现在哪里。

怎样才能设计出惹人注目的宣传语呢？一条永恒不变的原则：好的宣传语不是用来炫耀优美的文字，也不是为了炫耀严密的逻辑思维，而是能够激起顾客的欲望，进而产生行动！

因此，绝妙的宣传语都有一个共通点：简单、直接，接地气。

**3. 另辟蹊径**

还有一种“必杀”的文案技巧，观点超出了一般人的认知，能够收到令人意想不到的效果，这就是另辟蹊径。

比如，曾经有个销售讲师说“销售是从拒绝开始”。这种想法就超出了一般人的认知。因为人们普遍认为，一旦受到顾客拒绝，就没有了下一步的行动。如果凭借这样的思维，是无法把产品推销出去的。

事实上，要想超越别人，就要学会否定别人，不要跟在别人的后面，而是要另辟蹊径，弯道超车。

在培训行业里面，有很多老师就是用这样的策略来凸显自己的地位。

有一个培训讲师说“不解决人的问题，即使有工具，也没用，我们要学习智慧。”于是，他以智慧为切入口，开创了一系列关于管理企业、管理团队的智慧课程。然后，又有一个培训讲师说“企业要有模式，只有采用正确的模式，才能把企业做大做强”……

你看，每个培训讲师是不是说得都很有道理？其实他们都有一个共通点，就是没有因循守旧，没有跟在别人的后面，而是运用了“不破不立”的策略，提出了自己独到的观点，实现了弯道超车，使自己在众多的培训讲师中脱颖而出。

无论是设计宣传语也好，还是撰写广告文案也罢，想把自己推销出去，最基本的一个招数就是：另辟蹊径，以突出自己的与众不同！

# 引子：走进养商

**只招商、不养商，等同于“割韭菜”，最后一定会让你受伤。招商必须要有正心，这是决定企业能跑多快、跑多远、跑多久的根本！**

**——王昕**

养商作为“融、招、养”三位一体招商体系的最后一环，也是最为重要的一环。

“只招商、不养商”，无异于在割投资者的“韭菜”，这是非常短视的行为，企业经营者千万不能有这种想法。

养商侧重对招商的落地和维护，由铁军团队通过设计路演和进行会销等环节实施招商。另外，养商还有一个重要的目的就是进行渠道的裂变，帮助企业自身得到发展的同时，提升代理商的招商能力。

总体而言，养商具有三大核心：铁军、路演和会销。

**1. 代理商最关心回本的问题**

对代理商而言，他们跟企业合作时第一个考虑的问题就是回本的问题。

因此，企业经营者在“养商”方面所做的第一项工作，就是要想方设法帮助代理商回本。只有先帮助代理商回本，他们才有坚定的信心跟企业一起走下去。因此,建议企业经营者设立一个专门的回本部门,帮助投资者回本。

其次,要向代理商输出统一的回本方案。这个方案一定要切实可行,不能弄虚作假。一旦投资者发现当中的漏洞,甚至认为企业弄虚作假,那么再怎么解释,他们都不会接受。

最后,企业要制定回本的机制,培训员工招商的技巧,跟投资者沟通的方式,编辑招商的教材,举行招商团队之间的对抗比赛等。回本机制的标准化设定能有效降低代理商的成本,避免他们中途退场。

**2. 实现裂变是养商的重要目的**

养商还有一个重要的目的,就是要实现渠道的裂变。

数据表明,开发一个新渠道、新客户的成本大致相当于维护一个老渠道、老客户成本的2～6倍。换言之,你在一个新顾客身上投入的成本足够维护2～6个老顾客的关系。因此,比起开发新的渠道和客户,利用老渠道、老顾客进行开发、转介绍和裂变新的顾客,会更加高效、省力。

举个例子,如果一家企业在一周内开发了5个新的代理商,但同时又失去了5个老的代理商,虽然表面看,代理商的总数没有减少,但实际上企业为了开发这些新的代理商所花费的宣传、促销等成本,要比维护老的代理商昂贵得多。从投资和回报这个角度来看,企业显然是亏的。

**3. 客户的背后有大量的潜在客户**

企业要想不断地向前发展,必须要得到更多的代理商支持,而每一个代理商的背后都有着强大的关系网络。

销售大师乔·吉拉德提出的高效销售"250定律",对于每一个希望成功招商的企业经营者来说,都有很大的启发性。

这个定律就是，每一个与你做生意的顾客，背后可能代表着250名潜在的顾客。换言之，如果这个顾客跟你合作愉快，那么他就有可能推荐另外250人前来跟你合作；相反，如果他跟你在合作过程中并不愉快，那么很可能就会为你塑造出250个敌人。

这是对于传统的营销模式而言，身处“互联网+”的时代里，每一个顾客背后可能是代表着1 000个潜在顾客，甚至更多。

每一个人的背后，不仅有着与血脉亲人、好友同事之间的关系网，还联结了具有相同喜好的朋友圈，或者在工作和生活中有着交集的人群。

如果把所有的人连接起来，就织成了一个巨大的隐形关系网，并且共同交会于一点，即跟你合作的某个代理商。

因此，可以得出一个结论：在招商的过程中，必须认真对待身边的每一个人，因为每一个人的身后都有一个相对稳定而且庞大的社交圈，具有发展成为代理商的可能性。

**4. 真正的成交始于成交之后**

根据多年的招商经验，我认为，招商活动真正始于成交某个代理商之后，而不是在成交这个代理商之前。

因为在成交他之前，面对的只有他一个人，而成交他之后，面对的就是他背后巨大的关系网，以及很多在旁边观察的投资者。影响这些投资者能否成为企业的新代理商，关键就在企业如何维护跟原来代理商的关系。

为什么很多卖保险的人员会为了一张金额不大的保险单不辞劳苦地跑到客户那里面谈？因为他们明白，今天虽然跟客户成交的只是几百元的保险单，但是以后，他们有机会把客户的保险单往上升级为几千元、几万元，甚至更多。而且客户背后的孩子、老人，以及他的亲戚、朋友都有机会成为客户。

以最初购买产品的客户为中心，客户身边的亲朋、好友最后都成了保险人员的顾客。

招商是一个连续的过程，既要赢得原来代理商的信赖和追随，也要吸引住他们背后的广阔人力资源和影响到潜在的代理商。只有这样，企业的分销渠道才会越来越多，市场覆盖范围才会越来越广。

**5. 养商决定了企业能走多远**

在招商过程中，招商人员夸赞自己一百个好，不如客户向身边的人推荐一句。由客户带来的客户成交的机会往往比较大，他们基于原来客户对你的肯定，而对你快速产生信任，成交后他又成了你的另一个渠道。通过不断地裂变，你的客户数量和渠道数量就会不断地增加。

另外，老渠道和老客户在与企业长期合作中，也自然地成了企业的一个标杆，在旁人的眼里，如果这家企业不好，他们又怎么会跟企业合作这么久呢？所以，维护老渠道和老客户是相当重要的，他为企业形成良好的口碑，对企业的品牌形象带来莫大的好处。

因此，“养商”是非常重要，它决定了企业的成长规模，也决定了企业能走多远。

第十章 10

# 走进养商
# ——引爆铁军

**招商是一把手的工程，企业经营者必须亲自负责。但是招商并不是企业经营者一个人的事，而是全员都要共同参与的事！**

**——王昕**

企业要发展，首先考虑需要寻找什么样的人才。如果有条件的话，每家企业应该成立一支超强的招商铁军，这样才能保证招商成功。否则，企业就会失去独立造血的能力。

企业的铁军团队包括顾问团队、专家团队以及直营团队。

顾问团队一般包括两种人才：资源顾问和资本顾问。资源顾问囊括媒体顾问、品牌顾问、招商顾问、战略规划顾问等一系列人才，而资本顾问专门协助企业进行资本运作。

一般来说，专家团队包括研发专家、供应链专家等。但由于各个行业具有不同的特性，不同的企业需要的专家也不同。

直营团队就是操盘团队，这是企业内部把所有战略规划、各项计划落到实处，执行办事的团队，也就是“招商铁军”。

当企业经营者具备了天网、地网、人网三网合一的思维，具备了互联网化的意识，懂得建立集团化的企业架构，相当于建好了企业招商的“场”。

先建好“场”，再招收人才，与“先有梧桐树，再引金凤凰”是一样的道理。

构建好集团化的企业架构后，企业经营者利用自身的格局、理想，以及企业的平台和资源，可以开始融人、融资、融渠道等。

引爆招商铁军的关键，不但在于“引爆”，还在于“持续地引爆”！

要达到“持续地引爆”的目的，企业需要建立三个核心要素：企业文化、商学院和机制。

## 01 构建企业文化

在讲述企业文化之前，先跟各位读者讲述一个案例。

位于河南省南阳市的牧原集团，始建于1992年，历经30年发展，已形成以生猪养殖为核心，集饲料加工、种猪育种、生猪养殖、屠宰加工等于一体的集团企业。集团的总资产达1 600亿元，拥有员工14万人、子公司290余家。集团旗下的牧原食品于2014年上市，养猪业务遍及全国，2020年出栏生猪达1 811万头。

牧原集团之所以在养殖业上取得巨大成功，成为行业的龙头企业，归根结底，是企业经营者在构建企业文化方面下了苦功。在牧原集团的企业文化里，除了常见的企业使命、企业愿景等要素外，作为企业主要产品，猪占据核心的地位。猪在这家企业的文化里已经超越了作为主要产品的价值。

当牧原集团长年累月地把这种信仰传播到企业的每个角落，企业的员工又怎会不认真地对待这个产品呢？在这种力量的加持下，牧原集团取得了巨大的成功。由此可见，文化为企业带来了巨大的价值和作用。

再举一个例子，有一家企业与我合作，我为这家企业训练铁军团队、培训沟通技巧、梳理招商方案、设计招商流程。

经过充分准备后，在即将举办第一场招商会时，却接到了会议场地的通知，基于某种原因要取消提供场地。为了让招商会如期举行，企业要重新寻找合适的场地、连夜布置会场，这时团结一致的企业文化起了作用，员工行动起来，最终使这次招商会顺利举办。

企业在策划招商的过程中，经常会遇到突发性的事件，这时靠的就是团队中的每一个人对这份事业的热爱来解决问题、渡过难关，而支撑这份热爱的背后正是源于企业的文化。

### 构建企业文化

引爆招商铁军的第一个重点就是要构建企业文化。

每年都有不计其数的企业成立，同时也会有无数的企业倒闭。一个企业的成功不仅取决于经营管理、人才培养等因素，还有一个非常重要但常常被人忽视的问题，那就是企业的文化。

企业文化如同一个企业的灵魂，支撑着企业长久地发展下去。

企业在成立之初，就要明白自己为何而存在，这就是使命。这个使命是高端、大气，还是平凡、普通，都不重要，重要的是要让自己团队的成员发自内心地相信这个使命，并从这个使命中获得力量。

决定企业能走多远的因素，其实并不是经营者，而是员工。

我看到很多企业在墙上都会贴很多口号，但跟他们的员工交流后，我发现很多员工对此并不认同，员工只是为工资而工作，这其实对企业的长远发展不利。

当墙上这些宣传企业文化的口号得不到落实时，员工的士气就会越低落。所以，能否让员工发自内心地认可企业文化，将决定了企业的精神。

### 落实企业文化

很多企业在招聘员工时，只谈工作、薪资和能力，几乎不谈企业的使命和文化，这会让员工从进入企业开始，缺少了一种凝聚力。

所谓“上等企业治理靠文化，中等企业治理靠制度，下等企业治理靠义气”，文化必须要落到实处。

创业型的企业一定要找出考核企业文化的具体办法，与员工的利益挂钩，否则就是在浪费资源和时间。

企业的文化是跟企业创始人的信念紧密相关的，因此创始人必须要做到言行一致。现在的员工不但看经营者如何说，更会看经营者如何做。所以，创始人的使命、格局、价值观和坚信的程度将决定会吸引多少人才加入企业。

在建立招商铁军团队时，要把招商的思维融入企业中，将加盟商、代理商员工化，而不是把他们当成客户，然后用企业文化为他们赋能，从而打造出具有相同价值观的招商铁军。

企业能否得到持续性的发展，取决于它是否具备自行复制、裂变的基因，包括对经营者、产品、渠道、组织、人才等多方面的复制和裂变。而打造招商铁军团队使这些基因得到延续，使企业具有顽强的生命力，是必须要做的事。

## 02 建立商学院

企业通过设立专门为员工提供培训和教育的体系，把所需的管理系统、知识技能及时传输给员工，提升员工的整体素质和能力，帮助企业实现经营上的战略目标。

一般来说，企业商学院是以企业文化为根基，以企业的战略为核心，通过一系列合理有效的培训模式，为企业培养出符合企业价值观的人才。

因为有了人才，企业才会有后续的一切！

一 将具体任务和权力细化到每一个小组

二 将具体的责任和权力细化到每一个成员

三 根据经营主题的不同成立若干招商小组

四 每一个小组负责一个或几个经营主题的商户招商工作

图 10-1 招商团队的设计要点

## 构建渠道商学院

企业商学院作为企业战略系统的一部分，是企业战略的延伸，它对企业起到了完善和支撑的作用。

一般来说，商学院为企业带来的价值体现在以下五个方面：

(1)培养企业所需的人才；

(2)孕育新的思维，推动企业变革创新；

(3)整合上下游的资源，使企业可利用的资源价值最大化；

(4)传承企业内部的文化和管理经验、核心技能；

(5)养成企业内部的学习氛围，帮助企业创建学习型组织。

企业商学院有很多种类型，比如，制造类的企业可以建立以团队打造、生产技能为主的商学院；餐饮企业可设厨师商学院；健康养生类的企业也可以针对不同的项目建立别具特色的商学院……

但是，很多企业的商学院并不太接地气，不能在招商方面为企业带来价值。只有助力企业开发渠道，企业才能拥有强大的商业转化和裂变能力，这是企业商学院在助力招商方面最基本的职能。

从招商的角度来看，企业不能只注重销售产品和赚取利润，还要为加盟商和代理商赋能，帮助他们快速回本。因此，每一家企业商学院应该是加盟商、代理商的“向往之地”。

在企业的百年大计中，招商铁军团队是企业最宝贵的财富，而招商铁军团队也包括了加盟商、代理商、合伙人等。因此，打造具有铁军能力的企业商学院也可以称为“渠道商学院”。

成立渠道商学院的意义在于培养、收编、整合招商的渠道，促进渠道的裂变。因为企业有产品，就需要有销售的渠道；有销售的渠道，需要有培养销售渠道的学校。

可以说，渠道商学院是养商最重要的组成部分，因为养商比招商更重要。

### 输出企业的价值观

如何打造一个成功的渠道商学院？我认为，输出企业的价值观体系是企业经营者要完成的第一件事。

如何输出企业的价值观体系？就是要在加盟商、代理商、合伙人等加入企业之前，组织他们一起学习与创业相关的课程，这些课程既包括思维类，也包括岗位技能类。而学习这些课程的目的就是要统一思想，这是一个思维同频的过程。

企业要找到志同道合的人，必须要先同频，再合作。只有让思维同频，企业员工的价值观才能保持一致，也才能让代理商、加盟商认同，行动的步调才不会出现偏差。

比如，我曾经协助一个平台成立了他们的商学院。这个平台的主要业务是给职业司机提供安全教育方面的培训。平台研发出安全教育的课程之后，把课程出售给运输公司，运输公司再出售给司机。

司机参加这些培训课，每一节课的费用只需要一元钱，如果单靠售卖这些培训课程，平台根本发展不起来。因此，通过我帮平台成立的商学院，平台确立了“九位一体”的战略规划，开辟了司机的招商渠道，这样就帮助了这个平台由培训公司升级为交通行业的产业链端口，获得了招商的成功。

又如，我曾经协助一家经营型企业成立了商学院，除了设计出在当地很受关注的活动——包子节外，还为他们的线下门店建立了一套线上的招商系统。

这套系统把企业的用户群，如白领群体等，全部汇聚到系统里，开拓出更多的产品品类。

如今，这家企业已经从售卖包子，拓展到上午茶、下午茶、代餐，甚至是西点等多元化的业务领域。企业也从原来的包子店升级为一个汇聚人群入口的平台，并在线上门店重点发力。

我帮助企业建立商学院，第一个目标就是帮助企业的投资者、加盟商、代理商等合作者能够快速回本。

另外，商学院并不是一个成本中心，也不是利润中心，它本身就应具备招商的职能，所以商学院不一定只为本企业服务，还能为整个行业服务，打造出整个行业的商学院，通过对外收费，培养代招者，代理培训的方式使商学院的运营更趋多元化。

## 03　建立引爆铁军的机制

许多员工在进入企业时，目标不明确，只想着如何获得高收入，为了获得高收入有些员工还经营起副业。这不能责怪他们，这种行为折射出企业没有持续地推出创富的项目，使员工失去了动力。

企业要把对员工的赋能变成企业的核心产品，即企业是为员工赋能的创业平台，通过建立奖励机制，搭建起内部的销售创业集群，持续激发员工的动力。

这是企业对内部员工的创新政策。传统的企业是以生产、经营、销售产品为主，而新商业时代下的企业，应该是把员工、加盟商、代理商、合伙人等培养成企业（门店）的经营者，从而使企业转型成为一个创业的平台。

### 韩都衣舍让员工创客化

位于山东济南的韩都衣舍，创立于 2008 年，专注于销售年轻时尚女装品牌的业务。10 年时间，韩都衣舍从销售额 20 万元增长到超过 20 亿元，并孵化了多达 70 多个服装品牌。

韩都衣舍最早只是一家淘宝商店，之所以得到飞跃的发展，源于企业改变了经营核心，实行内部创业，让员工创客化。

韩都衣舍采用的是以创新小组为核心单品的全程运营体系，通过责任制确定具体的销售任务、销售额、毛利率以及库存周转率，其中销售额、毛利率和库存周转率是考核创新小组的核心标准。

同时，每个创新小组也有自主权限，可以自主地确定服装的款式、尺码以及销售的价格。

可以说，每个创新小组就相当于一个小企业，而小组的负责人就是这家小企业的经营者，并且拥有较大的自主权。

每个小组一般由页面制作员、产品开发员和产品管理员组成，这三者共同形成了一个创客中心。他们负责制定所有非标准化的战略，而所有标准化环节则由平台来负责集成和制定。

平台的品牌规划组帮助每个单品的创新小组进行产品设计、生产以及销售，最后由平台的运营管理组进行赋能，这就是韩都衣舍的运行机制。

每组成员可以进行自由裂变，当小组成员成为一个新品牌的创始人时，收入会得到大幅提升。

通过小组层层裂变形成内部创业模式，使韩都衣舍从小小的淘宝店摇身一变成为天猫女装类粉丝数量较多的品牌，赢得超过5 000万年轻女性的青睐，也吸引了李冰冰、黄晓明、任泉等明星前来投资，在女装赛道持续发力。

如今的韩都衣舍获得了众多的荣誉：2019年被中国服装协会评选为中国服装成长型品牌；2017年在中国服装网络盛典上被评为年度十大影响服装品牌；2015年获得《中国经营报》颁发的“大学生至爱品牌”荣誉称号；2014年在中国服装电商大会上被评为“中国最佳电商服装品牌”……

这些荣誉的背后体现了韩都衣舍在经营模式上的创新：它借助淘宝的平台流量和庞大的网络购物系统，采用“包产到户”的分配模式覆盖了大部分的产品类型。而旗下所有的服装品牌，都是由自家员工创立的，由此形成了品牌的集群。另外，它还通过业绩竞赛机制，促使企业内部形成了相互竞争、相互竞聘、相互考核的氛围，实现团队的良性竞争。

## 永辉超市的合伙人机制

永辉超市成立于2001年，总部设在福建省福州市，是中国首批将生鲜农产品引进现代超市的流通企业之一，也是中国500强企业之一，被国家七部委评为中国“农改超”推广的典范。

2021年，永辉超市销售金额超过910亿元，线上销售增长额同比增长25.6%，门店总数1 057家。

在刚成立时，永辉超市尝试把生鲜农产品引进现代超市，“生鲜区”的经营面积占整个超市的50%至70%，涵盖了各种海鲜、农副产品、餐桌食品等，并以家庭主妇、上班族为主要的消费群体。

永辉超市能够在竞争激烈的连锁超市行业中占一席位，源于它背后采用的是合伙人的制度，即每一家超市由店长、店长助理、四大运营部门和后勤人员、固定小时工组成。

永辉超市的核心机制就是根据门店的业绩确定具体的分红，采取“赛马制”，把门店的销售额、利润、运营方式、门店达成率作为分红的条件。

一般来说，店长和店长助理的奖金为8%，经理级、科长为3%，而处在销售前线和面对顾客的员工占70%，这促使了前线的员工更加认真地对待店面的工作，有效地推动了企业向前发展。

同时，部门的业绩也决定了分红的系数。比如，分红结算按照部门的毛利率排名来确定部门的相对系数，这在一定程度上激发了员工积极向上，促进了企业的发展。

由此可见，正因为有了各种各样的机制，促使企业内部人人有事做，事事有人管，天天有业绩，时时有创新，企业内部的铁军团队就诞生了。

这就是引爆招商铁军的第三个重点，建立机制。

企业文化、商学院和机制共同打造出企业的招商铁军。以企业文化来收心，以商学院进行招商的复制和裂变，以构建内部创业机制来提升招商铁军的动力，这三大要素不仅打造出了企业自身的招商铁军团队，还能把他们牢牢地留在企业中。

第十一章 11

# 走进养商——引爆路演

不一定是先有产品，才能招商，招商可以提前布局，企业经营者必须要有预先布局、预先招商的意识，把卖产品变成卖商机、卖趋势。

——王昕

## 01　路演当中要解答几个问题

招商路演，是引爆养商的第二项重要内容。

招商路演非常重要，其流程优势和扶持力度，是决定招商进程的关键因素。

何谓招商路演？简而言之，就是你演绎给投资者、代理商等合作伙伴观看的具体内容。

那么，招商应该如何路演？以获得 56.8 亿元国产电影票房最高纪录的《战狼 2》为例，这部电影之所以这么火，不仅是因为吴京的演技高超，更是因为电影的剧本质量很高。

只有剧本的质量高，影片才能火。何为剧本，就是剧情设计。同样道理，招商路演也很重要，它决定着招商会取得的成效。因此，招商设计必须要经过精心打磨，这是引爆养商的核心。

在招商路演中，必须要面对和解答几个重要的问题，这些问题是投资者最为关注的信息。

### 你是谁

在招商开始前，要阐述清楚企业或者项目取得的成果，以及各种背书等内容。比如，企业发展的历史、目前已开发的店面数量、项目目前的经营业绩等。

作为创始人，你还可以讲述自己的创业故事和历程，以及企业的核心理念、企业的文化等内容。

**企业从事什么行业**

**第一步，放开企业的招商赛道，赋予企业或项目较大的想象空间**

企业经营者要把行业的发展潜力、未来的发展空间、招商的格局放开及阐述清楚。

我建议，先把企业的招商赛道放开，只有放开赛道，才能够降低招商的难度、拓宽交易的规模。

企业经营者在招商时的正确步骤是：梳理清楚 3～10 年内企业要销售的产品种类，然后选择合适的顺序进行招商，或者等待合适的机会出现后再进行招商。

**第二步，着重打造商业模式，预估项目在整个行业占有的份额**

现在，无论企业的规模有多大，都越来越看重商业模式，也越来越意识到商业模式对企业发展的重要性。投资者也不例外，他们在投资一家企业或者选择一个项目进行合作时，商业模式是他们重点关注的部分。

因为商业模式决定了企业的生死存亡，尤其在同质化的产品竞争激烈的今天。

一般而言，商业模式包含了战略模式、运营模式、盈利模式等，其核心思维就是打破常规，出奇制胜，以最快、最有效的方式直达目标。这好比两个人在搏斗，只要在规则允许的情况下，不管用什么招式、什么套路，把对方击倒就行。

因此，企业经营者必须要阐述清楚自己的商业模式，然后依靠这个商业模式详细阐述企业在整个行业中占据的份额、占据的理由和预估的情况。只有把这些方面说清楚，才能打动投资者，才能让投资者愿意参与企业中。

**第三步，清楚阐述企业的信息模板**

企业的信息模板包括：企业的核心竞争力，企业的护城河，未来2～3年的收益，对应的市场需求，解决的社会问题，所需的资金，融资的回报率，安全退出的理由和方案……

**第四步，建立招商铁军团队**

如前文所述，招商铁军团队包含顾问团队、专家团队、创始人团队，以及操盘团队。

阐述的顺序首先是顶级的顾问团队，其次是各大专家团队，然后才是企业的创始人团队和操盘团队，要把这些团队的重要成员清楚地罗列出来，以塑造团队的形象。因为团队成员的形象决定了企业和项目的价值，也主导了投资者参与的意愿。

很多企业经营者还保持着传统的产品思维，认为项目的价值只取决于产品的好坏。这是错误的，人才和专业的团队也是决定企业和项目价值的主要因素。产品并没有竞争的壁垒，真正的竞争壁垒在于人和渠道，而归根结底还是人的因素。

人才的培养和渠道的建立不是一蹴而就的，需要企业长期投放大量的资源和时间。

投融界中有一句话是“投资一个项目就等于投资一个人”，可见人才和团队在企业或项目中有举足轻重的作用，也是左右投资者判断是否出资的主要因素。

因此，企业经营者必须要明确一点，人才是企业发展的最大动力，要不断地结识和连接行业体系外的更多人才，帮助自己发展壮大；也要发现人才、培养人才、储备人才。

之所以要寻找行业体系外的人才，是因为在一个圈子里的人，很容易被同一种观念所影响。企业经营者要打破封闭的心态，开阔自己的视野，学会结识、感召、利用行业体系外的人才。

当然，体系内的人才也是企业关注的重点，用体系外的人才赋能，用体系内的人才创造，这样企业才能良性发展。

### 企业的差异化体现在哪些方面

差异化可能是产品类别上的差异，可能是产品功能上的差异，也可能是营销模式上的差异，或者是服务方面的差异，甚至是顾客在应用场景方面的差异等。

不难发现，现在很多产品都面临同质化的问题，同一品类不同品牌的商品在性能、外观上相互模仿，逐渐趋同。

比如，把几瓶矿泉水放在一起，不注意看是很难区别它们属于哪个品牌；把几个手机放在一起，如果不看商标，可能不分清它们分别是哪个牌子。这些就是产品外观的严重同质化。

简单来说，如果同品类的产品千篇一律，在包装和设计上没有创新，没有特点，肯定是无法吸引顾客的。

在这方面，可口可乐很值得学习。它不仅是一家生产饮品的企业，更是一家营销性的企业。在外观上，可口可乐的瓶子别具特色，加上出色的营销手段，即使把标贴撕掉，你仍然能够在众多的饮品中找到它。

在招商过程中，差异化的定位往往是企业核心竞争力的来源，放大这种差异化，企业需要不断地进行自我的宣传和表达，强调加盟商、代理商重视的某些方面，力求突出自己的特色，跳出同质化的圈子。

上面所述的这些内容都是招商路演的重要组成部分，企业经营者应该根据这些内容对企业和招商项目加以包装，以吸引投资者的目光。

## 02 成功的招商需要包装

在举办招商会之前，企业经营者一定要对招商的项目、运营的团队等各方面加以包装，以凸显自己的优势。

当然，我这里说的包装并非弄虚作假，而是指在演绎的语言上、表达的内容上、设计的逻辑上加以润色，而并非无中生有，故弄玄虚。

### 包装项目的原则

企业招商时，所推销的产品其实就是商机，也就是向投资者推销机会，所以包装项目就是制造商机，这是企业招商的核心。

**1. 突出包装重点**

团队的塑造、商业模式的塑造、企业未来的战略布局以及招商项目带来的收益这些方面都是包装的重点。

**2. 扬长避短**

在阐述招商项目时，需要重点突出项目的优势，将其细化，这是包装的最核心部分。

一般来说，一家企业或者一个项目是包含几个维度，分别是产品维度、团队维度、模式维度、渠道维度、资源维度和未来上市规划的战略维度。总览各个维度，企业在哪个维度的得分值最高，就需要重点阐述和反复强调这个维度的内容。

比如，某家食品企业最大的优势在于原材料的供应链，其原材料是来自欧盟的有机产品，不含添加剂等。那么在做招商路演时，把原材料的特点发挥到极致。如果这家企业是生产面包的，可以对比目前大部分的面包是采用普通的小麦作为原材料，且不少面包含有添加剂，特别是保质期越长的面包含有的添加剂越多。

因此，这家食品企业在阐述这个项目时，就要着重表达他们的面包既保持了面包的本味，而且在食品的安全性和高营养性上要比其他面包要好。

企业经营者在介绍项目和产品时，一定要学会扬长避短，着重强调自己的优势，当然，对劣势也不是避开不谈，而是简单介绍。

**3. 阐述清晰**

招商时，企业经营者应该说清楚项目的收益来源。比如，项目的加盟费、销售产品差价的分配、会员体系的运营收益、推广裂变门店的收益、达到目标销售额的收益、上市分红的收益、加盟送股权的收益、股权溢价的收益、全球前十企业的评选奖金……

一般来说，投资者在每一个维度都有机会。当企业经营者讲清楚项目的各种收益，并讲清楚收益是如何分配后，会打动投资者的，这就叫奖金收益的推演。

企业经营者在进行奖金收益推演时，除了提成外，还要阐释清楚当投资者完成门店开发的目标、会员推广的目标后，企业能够给予他们的具体回报。

换句话来说，一定要把收入的推演阐述清楚，讲到极致，才能说服投资者投资。

很多实体行业的经营者在讲述收益推演时，效果并不好，这是他们的短板。对此，这里有两种解决方案：

第一种是企业的经营者可以参加与演讲相关的课程，从中学习路演的技巧，也可以学习营销企业的演讲技巧。因为营销企业在推演收益时，普遍讲得都比较深刻；

第二种是发掘有路演潜能的人才，对他们加以培养，并制定好相关的奖金机制，拉动他们的积极性。这种解决方案有利于企业不断地复制人才，为以后在同一时间举办多场招商会奠定基础。

### 学习新型的招商策略，为包装做准备

实体企业的经营者可以向新零售的企业学习新型的招商策略，制定正确的利润分配方式，因为分配方式会对产品的销售带来影响。

在加盟店的分钱体系当中，即时激励占据非常重要的位置。因此，现在很多企业在计算利润分配时，是按天为单位进行发放。当然，也有些项目仍然是按照月为单位发放。

在整个加盟体系当中，企业还可以每个月评选出前10名的加盟店、前10名的个人创客，还要给予他们精神和物质奖励，肯定其成就，激起他们的荣誉感，这是经营代理商、加盟商重要的手段，这比单纯地关注他们取得的业绩更重要。

根据调查发现，很多企业经营者在塑造代理商的成就感、荣誉感时，并没有做到极致。这些经营者只关注月销量，而忽视了代理商取得成绩后应该得到相应的尊重。

因此，向代理商颁发荣誉时，要把仪式感做到极致。比如，举办招商会时，由创始人带领业绩最好的代理商上台，为他们提供特殊的待

遇：可以提供专门的服饰，让他们在衣着上跟其他人有区别；也可以在会场上，让全场的观众为他们鼓掌……

同时，企业还应该把发放奖金的机制讲明白，告诉加盟商、代理商获取奖金后会带来生活上的改变，并且为他们预设盈利后的美好生活场景。

总之，无论处于哪个年龄段的群体都需要成就感、被尊重感和梦想的空间，企业从这一点入手可以起到事半功倍的效果。企业不仅要让代理商在这个平台上盈利，还要满足他们的精神需要，使他们获得崇高的荣誉感、成就感，在他们的潜意识中植入“在这个平台上开展事业，能成就自己伟大的梦想”的心理暗示。

## 03 讲述招商路演的三大价值

为了吸引投资者加入，在讲述招商路演时，企业经营者应该着重强调招商项目能够带来的三大价值。

### 社会价值

社会价值决定了企业能够达到的高度。很多企业在招商时，往往注重阐述产品、奖金机制、企业实力，但是忽略了企业能够为社会带来的价值。

企业作为国家和社会的一分子，协助国家解决困难，助推社会向前发展，奉献自己的价值，这会塑造出企业的大格局。比如，很多企业和创始人都在社会帮扶、振兴经济、改善民生方面，强调自己为社会带来的价值，借此提高企业的公信力。

当企业经营者讲述了企业对社会具有高度的责任感和愿意回馈社会后，自然会吸引到高级别的投资者投资。

比如，举办"全球招商节"为地方政府进行招商，为媒体创造出新闻点，为创客输送好的项目，还为资本带来了下一个行业的独角兽，向实现“中国招、招全球”的梦想迈进了一大步。

这次“全球招商节”助推了五大人群，实现了五方面的共赢，拉高了企业的高度。同理，企业经营者在梳理招商路演时，也要拓宽企业的维度，以企业、事业助推中国梦。

### 商业价值

商业价值包含两方面：一是对行业带来的价值，二是对企业、投资者、代理商等相关人员带来的价值。

从第一个方面看，每个行业都有弱点、痛点，企业经营者要善于抓住行业的痛点，给出解决的方案。

以燕谷坊集团为例，10 年前，在中国的燕麦市场中，80％以上的燕麦产品都来自澳大利亚，所以澳大利亚燕麦这个词广为人知。

但是在加工燕麦片过程中，高温烘焙制作的工艺会导致燕麦的营养严重流失。燕谷坊为此在 10 年前做了一个试验，得出结论：燕麦富含膳食纤维，而胚芽葡萄糖的润肠通便效果好。所以，燕谷坊把燕麦胚芽米作为主营的产品，开创了燕麦行业的新品类。

燕谷坊研发的燕麦胚芽米，技术含量高，创新性强，直击行业中燕麦营养严重流失这个痛点，并与“富贵病”产生了强关联。通过分析上海的糖尿病患者食用燕麦胚芽米后的观察记录，发现燕麦胚芽米的润肠、降血糖、降血脂效果有一定的效果。

2016 年，燕麦胚芽米被记入中国居民膳食指南和膳食宝塔。

从这个例子可以看出，燕谷坊开创了产品新品类。

从社会价值来看，燕谷坊不仅打造了品牌，与进口燕麦分庭抗礼，而且还注册成立了壹点壹公益基金会，履行企业的社会责任，为失学儿童、贫穷疾患等诸多弱势人群贡献了自己的力量。

从商业价值来看，燕谷坊直击行业的痛点，解决了燕麦在加工过程中出现营养严重流失的问题。同时，它在开发燕麦胚芽米这个产品的过程中，还研发了多项尖端的技术，并申请了专利。

此外，因为得到消费者的青睐，燕谷坊的业务发展蒸蒸日上，更于2022年在美国纳斯达克上市。

这些都是燕谷坊集团为企业、为用户、为行业、为投资者、为社会带来的价值。

### 客户价值

企业经营者在讲述项目、产品给客户带来的价值时，应该尽量使用真实可信的案例作为辅助说明，增强说服力。同时，还要分开阐述对B端和C端的客户带来的具体价值。

在讲述B端的案例，即投资者、代理商的案例时，应该重点阐述代理商通过这个产品或者项目获得的利润，并且以数据作为支持。同时，还应该讲述代理商参与招商项目后，在生活上获得的满足感，以及幸福感等内容。

在讲述C端的案例，即产品使用的效果时，最好配上图片、视频，用户使用的效果、用户的正面反馈等内容。

路演的内容要包括产品的介绍、产业发展的良好趋势、产品带来的商机、投资回报与分红、裂变机制等，从而引导顾客购买产品，甚至参与经营，引爆招商。

在路演时，企业经营者应该强调加盟商或代理商的自我形象塑造。

曾经有一个卫生纸的代理商在一年内获得了100多万元的利润，她是一个宝妈，以前因为不注重自己的形象，加上资源稀缺，所以销售业绩并不好。但是，自从她提升了自己的气质与形象后，人也变得越来越开朗，结识的人也越来越多，销售的业绩得到了大幅的增长。

在讲述这些内容的时候，也应该对代理商加盟前后的形象和生活质量做对比，使大家明白：打破原来的心态，跳出固有的思维，改变原本的生活方式，会遇见更好的自己！

当形象得到改变，格局和眼光也会随之而变，人生也可能发生变化。从这些方面去塑造代理商的形象，强调成就，为代理商注入正能量，激励他们为企业的招商事业而奋斗。

至于项目的盈利方面，应该从赚取的利润、未来预期的收益、产品差价的收入、分红奖金、加盟股权、上市奖励等多方面去阐述。通俗来说，凡是跟钱有关的内容，都是投资者和代理商关心的内容，应该把这些重点讲清楚、讲透彻。

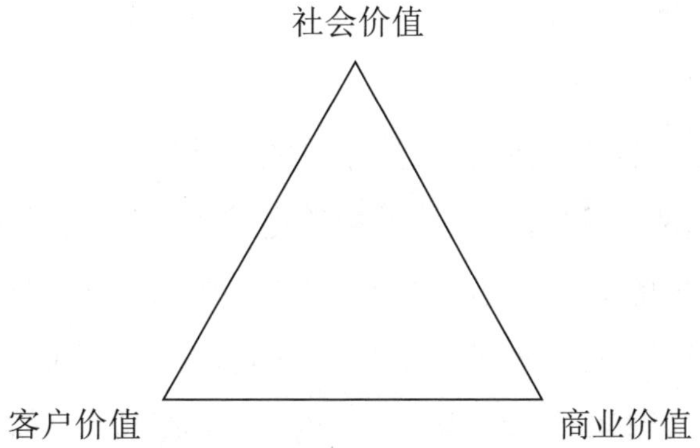


图 11-1　讲述招商设计的三大价值

## 04 打造教育型、知识输出型的招商会

为什么要把招商会打造成为教育型、知识输出型的招商会?

在探讨这个话题之前,我先跟各位读者解释何谓个人的 IP。

IP 就是 Intellectual Property 的缩写,它原本是互联网的一个术语,意指一个符号、一种价值观、一个共同特征的群体、一部自带流量的内容。如果套用到个人身上,IP 就是指一个人拥有的无形资产,这些无形资产可以是这个人的性格、形象、技能等特质。

如果把这些个人特质放大,并标签化,然后利用各种渠道进行广泛宣传,强化这些特质在人们心目中的形象。久而久之,这个人在公众的心目中就形成了自己独有的 IP。有了 IP,就有转化为收益的可能。

简而言之,IP 可以理解为一个人的个人形象或个人品牌。

### 以教育培训的形象进行招商

引爆路演的关键在哪里? 招商会不同于一般的宣传大会,不宜在会议刚开始就发布招商政策,而应先把招商会打造成为一个教育型、知识输出型、赋能型的会议,以培训教育的形象进行招商,才能被广大的

投资者接受。

曾经有一家从事美发的企业举办招商会，现场请了明星坐镇，虽然该明星的名气不算很高，但是也有了一定数量的粉丝。因为他的到来，吸引了大批粉丝赶到现场，人数极多，甚至比参加招商会的人还要多，加上粉丝们的行为难以控制，结果导致招商会现场一片混乱，招商的效果大打折扣。

因此，企业经营者一定要注意，招商会不但要举办得接地气，还应该把重点放在招商这件事上，切勿被其他的事情影响了参加者的注意力，否则得不偿失。

### 打造创始人个人 IP

通常来说，一家企业的创始人、董事长代表着这家企业举办招商会时的 IP。因为他们的特质，往往会渗入企业里，当人们提起一家企业时，首先联想到的也是这家企业的创始人。因此，企业的 IP 往往就是创始人个人 IP 的体现。

要使招商会取得圆满成功，就先要打造好企业的 IP，而打造企业的 IP 需要花费大量的时间和资源。因此，通过打造创始人个人的 IP，间接地打造出企业的形象，是一个非常好的策略。

毕竟对于公众人物而言，记住一个人的形象比记住一家企业的形象和特质更容易。

打造企业经营者的个人 IP，一个有效的手段就是输出他的成长和创业故事。让大众通过了解他个人成长经历，对他了解得更加详细，这样他的形象更深入人心。

你不妨留意一下，知名企业的创始人，比如，任正非、马化腾、董明珠等，他们的故事普通大众都能耳熟能详。

如果企业经营者有其独特的理念、丰富的经验、完善的知识体系、令人欣赏和佩服的内涵，也可以把这些智慧总结成书，分享出来。这既是他的智慧结晶，体现了他的内涵、知识和经验，同时也从侧面打造出他在这个领域的形象。

### 经营者需经常传播自己的理念

打造知识输出型IP的另一种方式，就是企业经营者每天在各种平台上发布自己的人生感悟、经营心得、商道精髓、为人处世的理念。

以我为例，我每天都坚持录制一段60秒的语音，名叫《每日昕声》，主要讲述我在招商方面的理论、知识、心得和经验。

我把这些知识分享出来，一方面是打造自己的个人IP，提升自己的形象；另一方面是希望能够帮助更多的企业顺利招商，帮助这些企业完成定下的目标。

除此之外，我还要求新媒体部门每个月设计30张海报，每天通过各地的同事、全国的代理商、合伙人在他们的朋友圈等宣传渠道上发布一张海报。这能让外界迅速了解你，这是打造个人IP的有效手段。

通过分享知识，一方面能够潜移默化地影响身边的人，有利于统一整个企业的思想，彰显学习的氛围；另一方面也能通过知识体系的搭建使大家有所受益、有所成长。

这样做对提升团队的凝聚力带来很大的好处，能帮助企业解决不少问题。

随着代理商队伍的日益壮大，新的代理商与企业经营者的感情可能并不深厚，在合作过程中，甚至会产生离开的想法。

如何解决这个问题呢？一个方式就是让代理商们阅读、聆听由企业经营者撰写的图书或知识性的文章，以及录播的语音，增进企业和代理商之间的感情。

所有知识的分享，归根结底都是文字的分享，即讲述自己的故事，然后把故事加以提炼，找出当中的亮点。

“其人、其名、其事”是讲述清楚一个人最基本的三个要素，当你能够清楚地讲述这三个要素时，就能够把当中的内容转化为一本书、一条视频或者一张海报。

文字的力量远超想象，企业经营者要学会把文字转化为各种传播形式，把自己的理念、价值观传播出去。

### 根据企业的现金流选择切入口

无论企业经营者以什么方式、什么渠道来宣传自己，打造自己的IP，最关键的问题还是持之以恒。只有一直坚持做下去，人们才能注意你、认识你、了解你、信任你。

做任何事情，都不能抱着“三天打鱼两天晒网”的心态，打造个人IP、树立个人形象也不例外。

另外，对于设计招商路演方面，还有几点建议：

（1）现金流方面。

如果企业缺乏现金流，应该以省为单位进行招商和销售产品；如果企业的现金流正常，应该以市和区为单位进行招商和销售产品；如果企业的现金流非常充足，可以考虑以门店为招商单位并进行销售产品。

每个企业的招商模式和销售产品的方式都不一样，要根据企业自身的情况衡量现金流和后备资金是否充足，从而制定适合自己的招商政策和模式。

（2）新招商步骤。

对于刚学习如何招商的伙伴来说，我认为应遵循以下步骤：

参加招商课程
学习运营新媒体
学习直播招商

↓

学习如何打造铁军团队
学习招商六大铺垫系统
模拟招商会的演练实战

↓

学习设计招商会的档期
规划全年举办招商会场数

↓

学习邀约、布局、分析客户

第十二章 12

# 走进养商——引爆会销

招商的本质就是设计从顶层布局到底层动销的关乎企业生存发展的整个战略规划。招商不仅帮助企业卖出自己的产品，更重要的是帮助企业建立了后端无限盈利的平台。

——王昕

# 01　彻底引爆会销

想要彻底地引爆招商会，事前必须做好充分的准备工作：

第一，做好举办招商会前的准备，即设计好会议的各个环节和具体流程，然后以此来对标，检验每项工作是否落实到位。

第二，在举办招商会之前先造势，通过各类型的文案、海报、视频进行广泛的传播，达到掀起招商势能的目的。

第三，注重会议场地的布置和氛围的打造，这是引爆招商会的关键。

## 引爆会销的重点

要达到引爆会销的效果，企业经营者需要把握好以下几个重点：

(1)举办招商会的目的在于招商，这是会议的主题，切记不要把会议办成产品的销售会，因为销售商机才是招商会的重点，销售商机的时间和力度一定要大于销售产品的时间和力度。

(2)企业经营者一定要把加盟商、代理商、合伙人等资格分成不同的层级，分开销售，一方面增加销售的成功率，另一方面有助于完成招商任务。

(3)会议的形式应该采用以培代招,即用培训的方式代替招商,因为单纯的招商是难以打动人的,而软性的培训更容易渗入参加者的心中。

(4)设置赠品。赠品的形式多种多样,包括赠送产品,赠送旅游,赠送年会 VIP 的门票,甚至是赠送一些赋能的课程,做到虚实结合,以此提升招商的成交率。

(5)为了拉动招商铁军的积极性,可以举行铁军团队之间的业绩比赛,胜出者可获得额外的奖金,以此拉动铁军团队的工作动力。

(6)能否获得投资人的尊重和欣赏,取决于企业对自身形象的塑造,企业经营者在举办招商会时,要展示出铁军团队的良好形象,提供统一的着装,借此提升投资人对企业的信任。

(7)借助盛大的年会进行招商。很多企业在每年年底会举办年会,这是企业招商的最佳时机,一方面体现企业在过去一年取得的成绩,增强企业在投资者心目中的好感;另一方面,以出席年会为理由邀请投资人出席,提高他们的到场率。

(8)投资人交纳的第一笔招商现款,不应该在招商会的现场直接收取,而是应该在招商会举办的前一天,把种子代理、新代理提前集中起来,进行招商洽谈,使之获得先机。在招商会的第一天,邀请种子代理商上台分享提前预约商机的感受,以此吸引和刺激更多的投资人和加盟商、代理商参与投资。

(9)很多企业在推广和销售产品的时候,为了吸引顾客,达到引流的目的,选择一款产品作为引流产品,即入口产品,这样的做法是对的。不过在选择引流产品的时候,需要注意:引导成本极高的产品不适合作为引流产品。比如，从事牙髓干细胞业务的企业举办招商活动时，可以用洗牙服务作为前端的引流产品，然后推出后面的干细胞业务。而不应该直接用与干细胞相关的产品作为引流产品，因为客户难以理解这些产品，不会轻易接受，经营者需要花费大量的时间和精力去消除客户心中的疑虑。

### 细节决定成败

在整个招商过程中，细节往往发挥着重要的作用。因此，企业在举办招商会前要进行铺垫，排兵布阵，重视具体的流程和当中的细节。

由于招商会涉及的内容、环节、流程、步骤非常多，需要投入大量的时间成本和人力成本进行梳理，这背后的布局和铺垫都是看不见的功夫，远远比在会议现场展现出来的内容更多。

例如，在举办招商会期间，需要跟投资者举行现场的签约仪式，以烘托会场的气氛。企业用来签约的桌布是定制的，上面有企业名称、宣传口号，还有企业的 logo 等。这是考虑到在现场签约时，大家都会拍一张照片并转发出去，这相当于很多人在帮助企业做宣传推广。

另外，在会议现场常常会发生很多特殊的问题，甚至还会出现突发事件，这些意外都会转移参会人员对招商项目的注意力，导致招商失败。

比如，有些企业选择在学校里举行招商会，结果会议刚进行到一半却出现话筒故障，使招商会的效果大打折扣。

总之，举办招商会跟网红做现场直播是同一个道理，在这个过程中会有很多突发情况。因此，我们要在实战中不断积累经验，随机应变，应对各种突发状况，并且在事前制定好解决方案，才能有备无患。

# 02 紧抓招商会的几个核心

## 举办招商会的关键点

举办招商会时，一定要注意会前、会中、会后的几个核心关键点。

**第一，邀约率（到场率）**

邀约率就是指实际到场的人数占邀请总人数的比例。

如果企业要举办200人的会议，就必须要邀约至少300人来参加，因为有些人会基于各种理由而不能出席。因此，招商负责人一定要提高邀约率。

**第二，紧密度**

为避免投资者忘记参加招商会，工作人员应该不断地提醒他，同时还要向他透露一些招商会的内容，如加盟政策、干货等，以引起投资者的好奇心。另外，也要向他讲述一些加盟商获益的成功案例，提升他参加招商会的意愿。

**第三，分享率**

举办招商会前，企业要利用互联网信息传播快、范围广的特点，提前在线上造势。比如,可以邀请著名企业家、行业专家等录制视频,传播分享,为当天的招商活动造势。

**第四,签单率**

签单率,即成功签订协议的客户人数占到场人数的比率。

提高签单率,可以从以下几个方面着手:

(1)招商人员需要熟悉产品、熟悉招商项目的细节,才能更容易得到投资人的认可,才能提高签单率。

(2)学会沟通。在跟投资者沟通的时候,招商人员需要把握好四个要素:首先,弄清楚说话的对象是谁;其次,说话的时机对不对;再次,说话的场合和环境是否适合;最后,怎么去表达。

(3)学会换位思考。招商人员只有站在投资者的角度思考问题,才能了解他们的需求和想法,才知道怎么满足他们,提高签单率。

(4)学会观察。招商人员一方面需要快速地判断投资者的需求,另一方面需要快速地做出决定,即决定用高性价比、额外的优惠政策,还有产品的优势,吸引客户,促成签单。

**第五,回款率**

一般来说,签订加盟协议或代理协议后的72小时是回款的黄金周期。

促使客户回款的要素有四个:

第一,回款方案。设计的原则一般是回款越早,福利越多;回款越慢,福利越少。

第二,回款细节。向投资人再次明确招商项目的愿景、价值和收益,展示回款截图、回款案例、回款周期、回款路径的全流程证据链。

第三,回款喜报。即公布投资人回款的情况,传播回款成功的信息,以拉动已签订协议的投资人。

第四，适时跟进投资人，进一步解决他们的疑问。

| 回款策略 | 具体内容 |
| --- | --- |
| 情感法 | 利用跟客户的感情回款 |
| 政策法 | 利用现场特有的政策回款 |
| PK 法 | 利用与其他人的比赛回款 |
| 刺激法 | 利用客户的同行刺激回款 |
| 价值法 | 利用产品的价值回款 |
| 合影法 | 利用客户在现场与老板的合影回款 |
| 授牌法 | 利用客户在现场得到授牌回款 |

**第六，复购率**

对合作较久的老代理商，可以设计各种各样的优惠政策，提高他们进一步复购产品的频率。

上面这些内容都是举办招商会的核心要素。企业经营者在举办招商会时，可以对照上面的核心要素，抓住关键点，这样思路会更加清晰。

## 在参加招商会的人心中形成“三感”点

引爆会销，必须在参加招商会的人心中形成“三感”：

**1. 参与感**

我们常说“重在参与”，参与感究竟有多重要？举办招商会时，让投资者能够参与进来，会使他们觉得自己就是这个企业的一分子，无形中会转化为企业的“推销员”，为企业宣传。参与感越强，顾客复购和推荐的概率就越大。

**2. 仪式感**

很多企业不重视仪式，究其原因，是企业经营者意识不到“仪式感”在经营的过程中的作用，对“仪式感”的理解只流于表面。

仪式感其实是企业文化的一部分，它背后体现的是企业的精神。在招商会上设置一些仪式感，比如，入场仪式、签约仪式，这些行为会在参加者的心中形成一份责任感和荣誉感，同时又反过来规范其行为。

**3. 体验感**

参加招商会的人从进入会场的那一刻起，会感受到这家企业给他的影响，包括对产品、对项目、对团队、对企业经营者的言行的感受。

这些感受会逐渐在他的心中升华为切身体会，最终反映到他的行为上，即是否跟企业进行深度的投资合作、加盟合作或者代理合作。

有一家企业董事长在招商会上的发言能让与会者产生共鸣。她说：“我知道大家手头上都有很多项目可以投资，未必会选择跟我们企业合作。不过即使没跟我们合作也不要紧，我还是给你们三点建议，值得投资的项目都有三个共通点：第一，有好的产品；第二，有好的模式；第三，有好的领导人。我不知道我算不算是一个好的领导人，但我一定是一个很正直的领导人。因为我从小就不会阿谀奉承、信口开河，所以跟我们企业合作，你一定会得到公平公正的对待。”她这一番话看似平淡，却很真诚，赢得了很多投资者的好感，最后这家企业的招商会取得了很好的成绩。

## 03 招商会应该多久举办一次

应该多久时间举办一次招商会?

我认为,如果能够做到每天举办一次线上招商会,每周举办一次线下沙龙,每月举办一次线下招商会是理想的。

而线上招商会的举办时间最好在每天晚上 8 点到 10 点。因为在这个时间段里,人们已经吃完晚饭,比较空闲。从心态上看,经过一天紧张的工作之后,人们在这个时间段里也普遍较为放松,容易接受新鲜事物,学习效果也较佳。

举办线上招商会时,不管有多少人观看,都要坚持,这是锻炼演讲能力、提升招商思维的最佳方式。

可能在刚开始举办线上招商会时,直播间里的观众都是路人,但是不要气馁,持之以恒,慢慢会吸引到真正的客户前来观看。

通过视频直播来招商,跟举办线下招商活动有明显的区别。在线上成功招商的不二法门就是坚持、坚持,再坚持!

网红主播李佳琦在成名之前,也是默默地直播了很多年,才积累出丰富的销售经验和主播技巧。这些经验的累积,才使他在近几年崭露头角，为大众熟识。

我也是如此。我曾经走过不少弯路，在刚开始做直播时，发现直播间的人数太少了，当时还很疑惑是不是提供直播的平台没有足够的流量？但我还是一直坚持下来，不停地向外界传播我的招商理念和心得，后来直播间的人越来越多。

事实证明，只要你不断地努力付出，把有用的知识传递给别人，让自己对别人产生价值，那么你肯定会得到应有的回报。

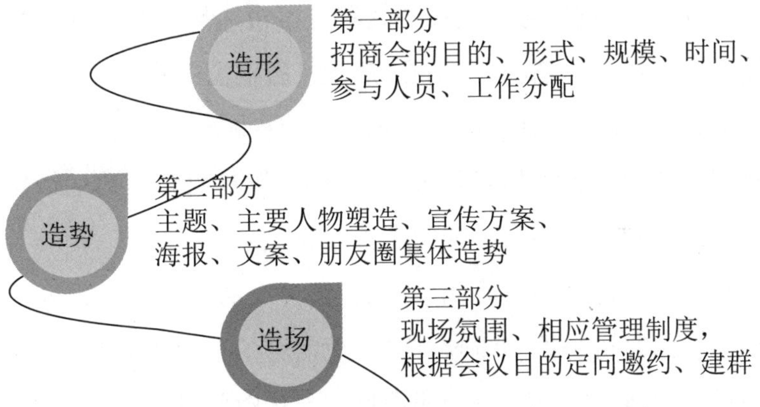


图 12-1　线上招商会的会前准备工作

## 举办线下招商会的时长

举办招商会前，一定要先设计好招商政策。千万不能在头脑发热时，一拍脑袋就决定下来，要把各方面的情况考虑周详。当然，也不能把简单的事情复杂化。

企业要敢于推出新政策去吸引投资者，给加盟商、代理商更大的发挥空间，这样才能取得更好的效果。

在设定线下招商会的时间方面，建议举办时间最少是一天一夜。

很多企业举办招商会就像举办新闻发布会，举办半天就结束了。其实这个时候，投资者才刚进入状态，如果招商会此时结束，肯定不会取得效果。

举办招商会的时间应该至少是一天一夜；而对于有条件的企业，最好是把招商会办成两天两夜的会议；如果把招商会办成三天两夜的会议，效果会更好！

或许企业经营者认为，举办招商会的时间长了，主持人接下来就不知道该讲什么了，这样会使现场的气氛变得很尴尬。其实并非这样，如果在招商现场出现了尴尬的情况，那是因为事前的规划工作没有考虑周全，准备工作没有做到位。

很多企业经营者虽然经常举办招商会，但是招商的效果依然甚微，为什么？或许跟举办招商会的时间长短有关。

如果举办招商会的时间比较短，会使参会的人员很难进入状态，还会使招商的内容讲得不够清晰、详尽，使参会的人员没有足够的时间把招商项目了解清楚、透彻，还会使项目的展示时间和宣传的力度大打折扣，最后影响招商的效果。

### 与时俱进才能成功

很多企业经营者在思维上往往存在一个误区，就是在招商工作遇到困难时开始降价。

事实上，应该采取相反的政策。当招商的工作处于困难，没有势能的时候，把招商的门槛儿设置提高；当招商的工作变得容易，有势能的时候，把招商的门槛儿设置降低。

招商的目标就是要做到千城万店。在大城市里，我们要开小店面；在小城市里，我们要开大店面。

为什么同一家企业的门店，在不同的城市里会有差异？这是因为不同城市的居民，需求点是不一样的。应该根据具体的城市，具体的门店位置来调整门店的功能和产品的种类。

在企业生意好的时候，快速地跑起来，使用大范围招商策略，也就是所谓的“跑马圈地”；而在企业生意不好的时候，要冷静下来，不要盲目扩张店面。

过去，我们是拿钱开店；现在我们需要认真思考，找出更合适的策略来开店。

还是以燕谷坊为例子，它曾经在全球经济低迷的情况下，生产和经营都受到了严重的影响，经历了前所未有的严峻考验。电商打压、行业洗牌、同行挤压……来自各方面的压力使燕谷坊几乎喘不过气。

那时候的燕谷坊急需创新商业模式，通过增强核心竞争力来摆脱困境。可是农业跟工业不一样，进步的速度比较慢，迭代的水平也不高，怎么办？

一方面燕谷坊以裸燕麦为切入点，全力集中在全谷物营养健康产业链的价值开发上另辟蹊径，突破产品面临的困境；

另一方面，企业的领导层也意识到招商的重要性，必须要转变思维，进行差异化经营，不能只卖产品，还要卖模式、卖服务、卖商机……这样才能活下来。

经过深入调查，燕谷坊的商业模式从原来的“农业＋互联网”的模式升级为新型的招商模式，从原来通过产品来盈利的传统模式转变为经营人们的生活方式，并通过各种各样的工具来激活经销商、赋能门店，突破了困境，并取得了招商的成功。

如今的燕谷坊已发展为集智慧农业、终端新零售、餐饮管理、健康管理、供应链金融于一体的“燕麦+”产业生态链综合运营商。

由此可见，在这个“危”和“机”并存的大环境下，只有敢于想象，敢于尝试，才能杀出一条“血路”。

许多企业经营者容易养成头脑懒惰的毛病，宁愿四肢勤快，也不愿意在关键的问题上思考。只有通过深入思考，才能确保企业具有持续的生命力和源源不断的创新。

俗话说“静能生慧”，深入思考，有利于在面对复杂的商业环境、多变的竞争对手时，及时对企业的发展策略进行调整，从而找到最佳策略，这就是思考的力量。

当环境发生变化时，不能站在原地等待，而是要找到适合自己的位置和策略，随时调整，重新出发。

只有与时俱进、随机应变，招商才能获得成功。

## 04　“敬重法则”掀起会销的势能

在招商会现场，最重要的部分就是会销。

会销包含了人、产品、场地三个要素，可以简单地理解为在现场所听到的、看到的，以及感受到的。

而在这三者当中，我想重点谈谈场地因素对招商效果的影响。因为对于较少举办招商会议或者会销经验尚浅的人来说，不容易理解场地对招商效果的重要作用。

会销场地的布置一定要对招商结果带来正面的支持作用，起到让参与者加分的效果。因此，会场布置的环境和烘托的气氛一定要能够起到影响人、打动人，对人有拉动的作用。为了达到这样的效果，必须从引导现场的势能和准备氛围两方面入手。

### 敬重法则对心理带来暗示

或许，很多人都有一个疑问：会销的现场真有势能吗？

我举一个例子。很多人在举办招商会时，对现场摆放的水果也有讲究。比如，有人喜欢摆放香蕉、大枣、橙子，因为这三种水果跟“早成交”的谐音一样，寓意好彩头。

也许，有人认为这不科学，其实不能从科学不科学解释，它只是一个美好的愿望，因为场地的布置和气氛的确能够使人的心理状态产生变化。

这种无形力量，会对人的心理带来暗示。我认为，这是会场的一种势能，对招商会得以顺利举办带来了正面的支持作用。

“敬重法则”意思是指要敬重自己内心的喜欢的东西。比如，电影拍摄完成后要举行“杀青”仪式。这些例子都说明了，当你心里敬重或者热爱一件事物时，你会发自内心地重视它、爱护它。在德国万宝龙总部的产业园里，就伫立着一支很大的万宝龙钢笔，反映出这家企业对钢笔有着崇高的敬仰之情。

鲁花集团在山东莱阳有一个老厂房，现在已经不作为生产的基地，变成了集团的博物馆。但是在每年大年三十的晚上，集团的领导都会带领员工在这个老厂房里吃年夜饭，以示对传统工艺的敬重。

另外，鲁花集团在酿制酱油时，也会在油罐旁播放一些正能量的音乐。对此，鲁花集团解释，这些正能量的音乐会使水分子发生变化，从而使酿制出来的酱油质量和味道更好。

这些行为背后反映出了鲁花集团对他们所做的产品充满热爱之情。

### 会议举办前要有敬场仪式

招商就需要举办招商会，而举办招商会就需要会场，所以会场就是我们要敬重的场。

以我们企业为例。在举办招商会的前一天晚上，我会带领所有的会务人员、铁军团队来到会议的场地预演一遍，甚至把每一张桌子、每一把椅子、每一条横幅、每一个展示牌、每一段音乐、每一盏灯、每一个环节都仔细审核，看是否合理。

主持人还会在会场的每个角落里聆听音响的效果，感受处在不同位置的观众能否清晰地听到主持人的声音，这些细微的观察就是敬场的一种表现。

2019 年 12 月 18 日，我们举办了第一届招商节。在前一天晚上，董事长亲自到场跟大家一起去布置好会场。正因为这种重视会场的精神，才使得我们企业在近年来声名鹊起。

然而，很多小企业的经营者并不相信会场的力量，甚至在会销之前的晚上也不含到场测试各个环节。结果在第二天举办招商会时，出现了各种问题：

比如，坐在会场位置较偏的参会人员听不清主持人的声音；投影仪无法把电脑的画面投到屏幕上；现场的电源线和数据线太多，绊倒了上台的嘉宾；麦克风不够用；座位的摆放令人觉得不舒服……这些都是因为在举办会议前没有敬场而产生的后果。

因此，通过对会场布置来增加势能，是“敬重法则”的一种体现。只有敬重和热爱自己所做的事情，才会小心谨慎，加倍重视。

另外，敬场要有仪式感，要感谢企业、项目、嘉宾、同行、客户、铁军团队，要感恩国家和社会。仪式感是非常重要的，能够迅速聚焦全场的焦点，使大家安静下来，进入企业设定的氛围当中。

# 05 引爆会销的氛围

## 会销现场的场景布置

想要引爆招商会，会务人员应注意对全场的布置，尽量采用暖色调来布置会场，如采用红色、橘色等颜色，给人一种喜庆、热闹的感受，以提升参会者的情绪。

现场的灯光也是引爆招商会气氛的一个重要因素。会场的灯光一定要明亮，因为明亮的灯光会使参会者的心里感到积极、乐观、向上，为会销的现场添加正能量。

有些企业开招商会时，为了节省成本，降低会场灯光的亮度，严重影响会场的整体气氛。为了省下一点电费，却以牺牲招商的绩效为代价，这是得不偿失的。

还有就是音乐，它也是引爆招商会氛围的一个重要元素。适当的音乐能够营造出会场的氛围，带动观众从一个环节进入另一个环节，并且能够引导参会人员。

企业经营者应该设定自己固定的上场音乐，每次上台前都播放这首音乐。之所以这样设定，是因为从品牌打造的角度来看，持续地播放固定的音乐会逐渐成为代表自己企业的一个符号，它是企业的品牌或者 IP 的一部分。

比如，我每次上台的音乐就是《铿锵玫瑰》，而男性则比较适合《人生路》《路在何方》这种风格较为大气、慷慨激昂的音乐。

当参会人员听到某首音乐，同时又见到你的时候，在他们的心中就会把这首音乐等同于你或你的企业，以后一听到这首音乐，就会想到你或你的企业。

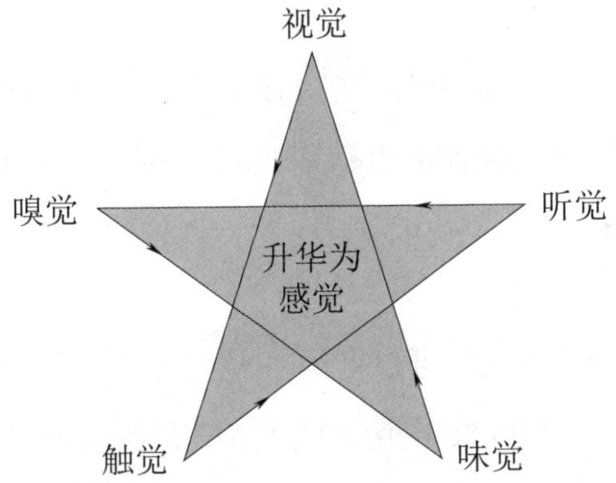


图 12-2　通过“五感”引爆会销现场

## 会销现场的宣传布置

招商会现场的宣传布置，除了要摆放常见的条幅、宣传板之外，企业也可以利用酒店或会展公司的 LED 屏幕，在上面显示出投资人、加盟商、代理商、合伙人等信息，以及他们跟企业合作后获得的收益。

这样的展示，无论是动态的还是静态的，对企业而言都是无形的商业广告，能加深参会人员对企业的印象。

在现场的宣传板上，应该展示出企业的结构图、理念的思维导图、项目的分析图，以及与企业、项目、招商相关的各种图表，让参会人员通过阅读这些图表能读懂企业、项目、产品的相关信息。

宣传板上并不需要写满文字，因为烦琐复杂的内容难以吸引参会人员的注意力，而图表富有逻辑性、结构性，能使参加人员形成“这家企业做事很有条理、很有逻辑”的好印象。

另外，在会场上还应该有专门的宣传板来展示企业的团队：顾问团队、专家团队、操盘团队、执行团队等。一方面会使参加人员形成“这家企业很有规模、团队很强大”的好印象，另一方面也增加团队成员的荣誉感和神圣感。

除了展示团队的风采之外，还应该有专门的宣传板作为招商项目的案例墙，展示与企业合作的有代表性的案例，以及招商成果的喜报。这些展示一方面体现出企业的实力，另一方面也助推参加人员跟企业的合作。

如果企业有条件的话，可以考虑在招商会的现场专门设置一个招商展厅。在这个展厅里，根据企业的具体情况摆放展品，或者采用个性化的设计，让参加人员感受到招商项目具有高人气、高质量、高收益的特质，令他们耳目一新，对招商会留下深刻的印象。

### 会销现场的主讲老师

对招商会来说，合适的主讲老师是非常关键的，它与商业模式一样决定着招商会举办的效果。

好的主讲老师一般具有以下几个特点：

(1)台风稳重、庄重，不轻佻，这会给参加招商会的人以“靠谱”的感觉。

（2）演说时直奔主题，有内容、有干货，而不是废话连篇，甚至卖惨。

（3）表达有逻辑、有顺序，不会想到哪里说到哪里，导致参会人员听不明白。

（4）说话幽默，在适当的时候活跃会场气氛，与参会人员产生良好的互动，吸引参会人员的注意力。

（5）有“控场”的能力，能够把握会议的节奏，驾驭现场的氛围，把会议推向高潮。

（6）说话接地气，既能表达出企业的梦想、情怀和格局，又能很好地触摸到参会人员普遍关心的话题，引起共鸣。

总之，主讲老师就是会销时的灵魂人物，企业在会销之前做的所有策划工作，以及铁军团队付出的所有努力，最终还是落实到主讲老师的精彩演绎上。因此，挑选主讲老师一定要慎重，切勿轻率为之。

## 06 会销现场摆放座位的秘密

招商会的现场布置方面，除了采用的颜色、灯光、音乐非常重要之外，如何布置现场参会人员的座位也是很重要的一环。

很多时候，在参加一些会议时会发现，会场椅子的摆放方式要么是剧院式的摆放，也就是把椅子排成很多行，每一行都排得很长；要么就是摆成课桌式的形式，虽然也是把椅子排成很多行，但是每一行并不长，而在每一行座位的前面会摆放一张长桌。

但是，这两种座位摆放的形式都不太适合招商会议，因为它们最终会使场面显得非常拥挤，不利于现场的工作人员对参会人员进行跟踪服务。

### 采用“岛屿式”的座位摆放方式

举办招商会时，可以按照“岛屿”式的摆放方式，把观众切分成一个个小组。在每个小组的中间摆放一张长桌，长桌周围由 6～10 把椅子围绕。换言之，每个组分别由 6～10 名成员组成，共用一张长桌。

前面说过，最好的招商会就是采用教育型、知识输出型的模式，所以这张长桌具备两个功能：一是能让组员一边倾听会议内容，一边记录嘉宾发言重点；二是把水、饮品、零食或者水果放在桌子上，供组员在参会的过程中食用。

以小组的形式把参与人员分开，让每个小组的成员聚在一起，这样的座位摆放方式有几方面的好处：

(1)有利于小组成员之间互相交流；

(2)有利于现场的工作人员迅速来到组员身边并提供服务；

(3)因为组别区分更明确，有利于会议的主办方安排指定的工作人员与组员坐在一起，提供引导性的服务，同时也可以激活小组的气氛。

### 把量级相近的人分在同一个小组里

小组的数量取决于参加招商会的人数。

对参加者分组的时候，应该遵循“同量级的意向代理为一组”的原则，意思是把属性相似、量级相近的人分在同一个小组。

因为不同量级的投资人的关注点是不一样的，要解决的问题也不相同。如果把不同量级的人放在一个小组，会使他们之间难以有共同话题，难以活跃小组的氛围，最终影响招商会的效果。

因此，企业在举办招商会前，必须要对参会人员进行充分了解和分析，并把这些分析意见绘制成为图表，即制定座位的分析图，并把这份分析图打印 3 份，分别交给主讲人、会务总监、招商负责人。

分析图中要清楚列出每个参加人员的信息，即他们的量级，然后把同量级的投资人分在同一个小组。每一组配备一名招商助理，负责激活小组的气氛，协助企业提供引导性的服务，并促进成交。

### 切忌盲目追求大场面

很多企业刚开始招商时，目标都比较宏大，动辄说要举办千人大会，如果企业的招商铁军人数不够，现场的服务忙不过来，岂不是浪费了资源？

企业经营者一定要记住“不要打大仗，要打胜仗”的道理，一定要按照招商铁军的人数配比参会的人数。一般来说，如果企业有20名招商铁军、招商助理，可以邀请120～200人参加招商会。

如果邀请参会的人员过多，而服务人员跟不上，会使成交率降低。因此，一定要记住：举办招商会追求的是“质”，也就是追求最终成交的结果，并非“量”。

一般而言，招商会的成交率大约在25%，因此，企业经营者应该理性分析，切忌盲目去追求浩大场面。

其实，招商会出现满场率的情况并不常见，临时出现在会场的“空降”人员（即没有事先向主办方报备而临时来参加会议的人）也不多。

倘若出现参会的人数比预约人数多的情况，那么现场的工作人员需要立即添加桌椅，以显示招商会的人气之高；反之，如果会场的空座较多，应立即撤走空椅子，以免影响会场的氛围。

总之，宁可出现参会人员站着听完招商会的情况，也不要出现有大量空椅子没人坐的情况，否则会影响在场的参会人员对招商项目的信心。